M A N A B U H O R I I

1996年12月　真駒内選抜　1000m優勝
（後方は清水宏保選手）

終わりなき挑戦

100分の2秒が人生を変えた

堀井 学

第二章――上昇気流に乗って　59

第三章――乱気流の中で　89

写真・資料提供/中日新聞社・一九九〇ワールド世界ジュニアスピードスケーティング選手権大会・国際スケート連盟・財団法人日本スケート連盟・日刊スポーツ新聞社・著者

《プロローグ》――思い出の室蘭スケートリンク

◆「完全燃焼」の余韻の中で

昨年（平成一四年）三月、米国のソルトレークシティから帰国した私は、妻と二人の子供を連れて室蘭市内の小さなスケートリンクへ行きました。

そこは、まだ小学生だった私が「スポーツ少年団」に入り、中学時代まで、ほとんど毎日スケートの練習に通ったリンクで、その後のスケート人生の〝原点〟となったところです。

その日は平日だったので、場内は空いていましたが、小・中学生や家族連れの親子に混じって、お揃いのウェアを着たスケート選手の〝卵〟もチラホラ滑《すべ》っていて、久しぶりにリンクを訪れた私は、懐かしい思いにとらわれました。

もちろん、当時の私はまったくの無名選手で、「少年団」の女の子にも負けるほどの実力しかなく、なんとか早く滑りたいと思って必死に練習しました。先輩たちにいじめられたこともありましたが、その気持ちだけは誰にも負けないほど強かったと思います。

あれから二〇年。

月日はアッと言う間に過ぎましたが、リレハンメル、長野、ソルトレークシティと、三回のオリンピックに出場した私は銅メダルを受賞し、世界新記録を四回達成。ワールドカップの五〇〇メートル及び一〇〇〇メートルで、日本人選手としては二番目の通算二二勝をあげることができました。

私にとって最後のオリンピックとなったソルトレークでは、周囲の期待に応えることができませんでしたが、自分の持てるすべての力を出しきって走ったという満足感がありました。

その「完全燃焼」の余韻が胸の内に残っている間に、思い出のスケートリンクへ、妻や子供たちと一緒に行ってみたい――。そんな思いで出かけた室蘭スケートリンクは、二〇年前とあまり変わらぬ表情で、私たちを迎えてくれたのです。

リンクに降りた私たちは、場内のＢＧＭを聞きながら、のんびり滑りましたが、まだ幼い子供たちは初めてのスケート靴にとまどい、滑ったり転んだりで大騒ぎです。その手を持ってやり、子供たちを滑らせている間に、一瞬、私は子供時代の自分にタイム・スリップする錯覚に襲われました。

それは胸の奥が酸っぱくなるような、心が疼《うず》くようなせつない思いでしたが、その時、私の心に浮かんだのは、もしも、もう一度生まれ変わることができたら、私はやっぱりアイススケートをやるだろうという熱い思いだったのです。

考えてみれば、私がこのリンクで最初に滑り始めた時、すでに私の青春の有り様は決まっていたのかもしれません。

それほど強く私を魅《ひ》きつけ、私を駆り立ててやまなかったスピードスケートとは、一体、何だったのか。

この本では、これまでの私の歩みをお話しするとともに、私をとらえてやまなかったスケートの魅力についても、可能な限りお伝えしたいと思っています。

◆スポーツ界からセールスの世界へ

さて、家族と室蘭スケートリンクへ行ってから一ヶ月後の四月二一日、札幌で現役の引退会見を行った私は、その後、ＰＪＭジャパン傘下の一代理店となり、セールスマンとして生きていくことを決意しました。

当初は、スポーツと異質の世界に飛び込むことに反対する人もいましたが、私自身、二十三歳の時に出会ったＰＪＭのＳＭＩプログラムに助けられたので、その決断は早かったと思います。

このプログラムの基本には、「人間にとって夢とは何か、それを実現するために何をしなければならないか」を明確に自覚し、自信と決意を持って行動しようという前向きの考え方があります。

帯広の白樺学園高校を卒業し、東京の専修大学に入学した私は、大学一、二年の頃、極度のスランプに陥《おちい》りましたが、「私はできない」とか、「時間がない」「自信がない」などという言葉を捨て、「私はできる」「時間をつくる」「自信がある」といった言葉を使うように諭《さと》されたのです。

そして、前向きに挑戦する気持ちを身につけると、いつのまにか自信と勇気が持てるようになり、人間にとって「心構え」がいかに大切かをつくづく痛感させられました。

とかく現代人は、自分の努力不足を環境や社会のせいにする傾向がありますが、自分を他人と比べず、どんなに小さくても、自分にとって価値ある目標を設定し、少しずつ段階を追って実現していくチャレンジ精神こそ、もっとも重要だと思えてなりません。

◆SMIプログラムの優れた効果

それから一年。

私は講演活動の合間に、さまざまな分野のさまざまな方々と出会う機会を得ることができました。

多くのスポーツ選手にも会いましたが、どの方も一様に、「心の芯《しん》」の部分をどう鍛えたらいいか、という問題に直面しています。

たくさんの時間とお金を使って日本一の練習をしているのに、どうして勝てないのかと、悩んでいる方たちにもよく会います。

先日お会いした高校の剣道の先生は、剣道を通じて子供たちに生きることの尊さを教えたいと思い、指導に励んでいるというので意気投合しましたが、一人一人の選手の能力を引き出すにはどうしたらいいか、という悩みをかかえていました。

そこでSMIのプログラムを紹介し、後日、電話で様子を聞いてみると、自分自身の能力を高めるとともに、子供たちのやる気を引き出す効果に大きな恩恵を感じているという、うれしい答えが返ってきました。そういう反応がある時、私は大いに今の仕事へのやりがいを感じます。

また、ある極真空手の選手は、北海道で漁師をするかたわら、カイロプラクティックの免許を取得して、師範代の先生と一緒に新たな筋肉トレーニングの方法を打ち出そうとしています。

加えて、空手でも日本一となり、世界選手権に出場したいという壮大な夢を持っている彼は、自分の力を伸ばしていくプログラムとして、ＳＭＩに出会ったのです。

そして、これまでいろいろなプログラムに接してきたが、これほど素晴らしいものはなかった。どのプログラムより完成度が高いという、おほめの言葉をいただきました。私は彼にめぐり会えたことを光栄に思い、私自身のセールス活動に誇りと確信を抱いて、さらなるモティベーションの高揚《こうよう》を感じました。

セールス活動を始めた当初は、私の身内やいとこたちにもアプローチしましたが、お好み焼き屋さんを経営している叔父からは、「今はその余裕がない」ということで断られました。

しかし、再度一年後に声をかけてみたら、第二店舗を出店することに情熱を傾けていた時期で、「ちょうど会いたいと思っていた。すぐ来てくれ」ということで、さっそく契約に結びつけることができました。

何よりも、ＳＭＩは自分で利用して効果を得たものなので、確信をもって販売できる点が強みです。

そこで、誰よりも私が勧《すす》めたいのは、私をここまで育ててくれた両親であり、野球や陸上競技、サッカーなどをやっているいとこたちです。

ちなみに、ＰＪＭでは「心に描いた夢は必ず実現する」ということで、スポーツ選手の大きな夢をかなえる五つのルールを提唱しています。

それは、以下の五つです。


Ⅰ「夢」～夢がハッキリしていれば、強い力がでる。夢が大きければ、大きな力がでる。

Ⅱ「計画」～ステップを決めれば、一歩一歩進める。いつまでにやると決めれば、それまでにできる。

Ⅲ「心構え」～真剣にとりくめば、勝利者になる。一度勝てば、また勝てる。

Ⅳ「自信」～長所をのばせば、どこまでもできる。やれると信じている間は、どこまでもやれる。

Ⅴ「決意」～挑戦した人だけに、チャンスがある。やると決めたら、誰がなんといってもやる。

私のセールス活動はまだ始まったばかりで、至らないことが多いのですが、スポーツ界同様、教育の世界でも多くの先生方がさまざまな問題をかかえ、どうしたら沈滞した現状を変えて、子供たちにもっと生き生きした生活を送らせてやれるかという問題に直面しています。

しかし最近は、高校の陸上部の顧問をやっている先生や、スポーツ少年団の監督やコーチの先生方から、ＳＭＩのプログラムが心の奥深い部分に手を差し伸べてくれたおかげで、自分自身の「心の壁」をとり払うことができ、毎日の生活に豊かさを感じられるようになったと、うれしい知らせが届いています。

このプログラムは、自分でスイッチを入れ、自分自身を高めていくものなので、本気で自分を変えたいと思っている人でないと効果が薄い面がありますが、実際に利用すれば、決して高価ではないという評価をいただけるものと確信しています。

◆〝なぜ勉強するのか〟という問いかけ

引退後の私は、全国の小・中学校から呼ばれて、数多くの講演を行ってきましたが、その中で私が強調しているのは、常に自分の夢と目標を持つことを忘れず、困難には真正面から立ち向かってほしいということです。

夢と目標を持つことについては、今の学校には〝なぜ勉強するのか〟という、子供たち

PJMスポーツ精神

**BREAKING THE SUCCESS BARRIER

心に描いた夢は必ず実現する

——大きな夢をかなえる五つのルール——

I 夢

夢がハッキリしていれば、強い力がでる。〔結晶化〕

夢が大きければ、大きな力がでる。〔モティベーション〕

II 計画

ステップを決めれば、一歩一歩進める。〔段階的達成〕

いつまでにやると決めれば、それまでにできる。〔達成期日〕

III 心構え

真剣にとりくめば、勝利者になる。〔成功の心構え〕

一度勝てば、また勝てる。〔成功習慣〕

IV 自信

長所をのばせば、どこまでもできる。〔能力集中〕

やれると信じている間は、どこまでもやれる。〔自信の力〕

V 決意

挑戦した人だけに、チャンスがある。〔チャレンジとチャンス〕

やると決めたら、誰がなんといってもやる。〔強固な決意〕

☆ポール J・マイヤー一〇〇万ドルの成功計画五則より

の素朴な問いかけに答えられない先生が多すぎると感じています。

そういう雰囲気の中で生徒の学習意欲が低下し、高校の中途退学者や、卒業後のフリーターが増えるのは当然で、目標を喪失した若者たちが、勉強や仕事に意味を見出せない状況がどんどん広がっています。

しかし、そんな中でも工夫を重ね、進学や就職に驚異的な実績をあげている学校があります。

昨年秋の朝日新聞によれば、伊豆半島の西海岸にある静岡県立松崎高校では、四年ほど前から希望者全員が就職に成功し、大学への進学者も倍増したそうです。

その秘訣は、生徒が高校へ入学した直後から、自分が目標とする企業や大学を意識させ、就職希望者には一年生から企業訪問をさせて、現実の厳しさと勉強の大切さを実感させているからです。

また、ほぼ全員が進学する広島県立尾道北高校では、やはり自分の目標を明確にさせるため、二年生の修学旅行で、それぞれの生徒が関心のある企業や官庁などの職場を訪問。三年生になると、大学でやりたい研究や、自分の将来と結びつけたテーマの小論文に取り組ませているそうです。

同校の校長先生は、「生徒には、将来のために勉強するという動機付けが不可欠です」

と語っています。

私はこういう記事を読むと、たしかにそうだと思わざるをえません。現に、私の講演の後でアンケートをとると、多くの子供たちからこんな感想が寄せられます。

ある中学三年生はこう書きました。

「〝夢は強く信じれば、必ず叶う〟というのは、よく聞く言葉ですが、堀井さんがあれほど熱く語ってくれると納得します。目標があれば頑張れる、叶うと強く願えば叶うというのは、本当にそのとおりだと思います。もちろん、ただ願うだけでなく、そのために努力することも教えていただきました。私の夢はまだ一つですが、その後の夢も考えられるようになりたいです。私も頑張りますから、堀井さんも頑張ってください」

さらにもう一人の女生徒は、

「〝夢を叶える〟ということは大変なことだけど、それまで苦労して、自分を信じて成功すると思って頑張れば、確実に自分のものにできると思えた。今、私にとって受験は大きな目標であり、夢を叶えるために努力しているけど、私には〝自分を信じる〟ことが欠けていると感じた。堀井さんの話や言葉を忘れずに、頑張っていきたいと思いました」と、書いています。

◆目標に向かうプロセスに喜びを

子供たちのこうした声を聞くたびに思うのは、大切なのは〝できるか、できないか〟ではなく、まず挑戦してみることではないかということです。

私自身、誰も相手にしてくれない低いレベルからスケートを始めたにもかかわらず、一歩一歩実力を伸ばして、遂にオリンピックでメダルを取るところまで成長しました。

実際に、九九パーセント以上の人が私がメダルを取るとは信じていませんでしたが、そんな中で自分の可能性を信じることができたのは、母方の祖父や両親、家族、恩師たちのおかげです。

そして、二十三歳の時に出会ったＳＭＩのプログラムが私を励まし、たとえリスクを背負っても、それ以上の恩恵があると思えたからこそ取り組むことができました。

人は失敗を恐れていては、何もできなくなってしまいます。

失敗したからといって、そこであきらめてしまえば単なる失敗に終わりますが、その後も自分の夢をあきらめずに続けていけば、失敗ではなくなります。同じ失敗を繰り返さないための教訓になるし、その後に必ず役立つ糧《かて》となり、力がついてくるからです。

もちろん、失敗しないように気をつけることは大切で、あえて失敗する必要はありませんが、私自身、まだまだ失敗するでしょうし、今後、失敗のない人生を築こうとは思っていません。

重要なのは失敗を恐れることではなく、あくまでも積極的に自分の人生に挑戦していくことであり、今後もＳＭＩプログラムによって自分を高めながら、前向きに生きていきたいと思っています。

ところで、「ドリームズ・カム・トゥルー」という名前の帯広市出身の音楽グループがいますが、「夢」と「空想」は違います。

「空想」を具体的な目標に転化することはできませんが、多くの「夢」は、目標に転化することによって、実現できるのです。

その意味で、目標に転化できる夢を持つことが大切ですが、そうした転化のプロセスを知る前に、多くの人は夢を持つこと自体をあきらめてしまいます。そして、〝あの人は運がいいから〟とか、〝夢と現実は違う〟とつぶやいて、貴重な人生を終わってしまいます。

そうではなくて、とにかく毎日少しずつ努力を積み重ねることによって、もう少しで目標に手が届きそうな瞬間を実感すること。その瞬間は目標を達成した時よりうれしく、未来の自分に対して〝これはいけるぞ！〟と思えた時は、最高の気分になれます。

そこまで行けば、目標を達成したのと同じで、達成する前からワクワク、ドキドキしますが、そういうモティベーションをどうしたら持ち続けられるかということを、ＳＭＩのプログラムは教えてくれます。

それと関連してもう一つ強調したいのは、語学でもスポーツでも「反復練習」がとても大切だということ。私は、その練習の成果として、今日の自分があると思っていますが、どんな分野にせよ成功したければ、成功する要素を反復する以外ありません。

私たちの潜在能力は無限の広がりを持っているので、それを開拓するには、〝これでもか、これでもか〟と反復練習を重ねることが何よりの力になります。

成功した人は、決して特別なことをやっているのではなく、むしろ、多くの人がいやがることを人一倍、繰り返すことによって実力を身につけ、自分の仕事に生かしているのです。

私はこの本の中で、私自身がスケートの世界で「反復練習」をどうこなし、それを糧に世界記録を出したかということをお伝えしたいと思います。

◆「成功」と「失敗」の分岐点

それにしても、これはどんな分野でも同じだと思いますが、Aという人が成功し、Bという人が失敗するのはなぜでしょうか。

Aは、とくに有利な条件や能力、「運」に恵まれているとは思えないのに偉大な成果を達成し、充実した一生を送りますが、Bは単調でつまらない、実りの乏しい退屈な人生で終始します。

その本質的な違いは何なのか。そもそも豊かな人生とは何なのかということに疑問を抱いたポール・J・マイヤーは、テキサス州ウェイコ市の小さなガレージから出発。それまでに優秀なセールスマンとして獲得した安定と成功をすべて捨てて、SMIというまったく未知の事業に勇気と信念をもって挑戦したのです。

その活動の基礎になっているのは、トータル・パーソン（全人）という考え方です。これは、最高の価値ある人生とは健康、社会生活、教養、精神、経済、家庭生活の六分野において調和を保ちながら、自分の夢を限りなく実現し続ける時、人は人生の真の豊かさと自由の喜び、満足感を得られるというものです。

そして、そのための偉大な道具として彼自身が完成した、成功のためのモティベーション・プログラムを、すべての人に活用してもらうことが彼自身の夢なのです。

では、人生を成功に導くモティベーションとは何か。

私は、次のような彼のメッセージに、その真髄を感じます。

① かつての大リーガー、タイ・カッブは、非常に傑出した素晴らしい選手でしたが、

同時に自分自身に対する厳しいコーチであり、管理者でした。

あらゆるバッティング技術をマスターすることを目標にしていた彼は、ある時、こう言ったそうです。

「自分にできないことを練習しようとする野球選手は少ない。普通の選手は、ただ一種類のカーブやスローボールの打ち方を練習するだけで、相手の逆をねらうバントやヒットを学ぼうとしない。しかし、大切なのは簡単にできることより、できないことを練習することだ」

二五年以上も現役選手として活躍したタイ・カッブが、三割六分七厘という高い打率を記録した秘訣はこのことにあり、人生における「打率」を向上させるには、常に高い目標に挑戦することの大切さを私たちに教えてくれています。

② 地上最大の動物である象は、一トン以上の材木や積み荷を、鼻で楽々と持ち上げる力を持っています。ところがサーカスを見に行くと、あの巨大な動物が小さな木の杭《くい》につながれ、静かに立っている様子を見かけます。
それはまだ幼くて力がなかった頃から、重い鎖で鉄の杭につながれてきたからです。どんなに力を入れて引っ張っても、鎖を切ることも杭を抜くこともできなかったので、大人

になって力が強くなり、簡単に杭を抜けるようになっても〝自分にはできない〟と思い込んでしまっているのです。

多くの教養ある人々の行動もこれと同じで、それまでの人生で頭と身体にしみついた思考や行動の枠に縛られ、自分自身で設定した「杭」を抜こうとしません。

これと同じようなことがあなたの人生に起きているなら、今すぐあなたを縛りつけている「杭」を根こそぎ引き抜くこと。そして、あなたの真の力を制限している鎖を断ち切りましょう。

③　仮にあなたが四〇〇メートル走に出場し、幸いトップでゴールに近づいたとしたら、あなたは自分に何を言い聞かせますか？

興奮にワクワクしながら、これは〝うまくいくぞ！〟と考えますか。それとも、〝トップで入るのはむずかしい、とてもできっこない〟と考え、せっかく思いついた素晴らしいアイデアを否定してしまいますか？

実はその瞬間にあなたは、成功するか失敗するかのどちらかを選んでいるのです。こういう時、あなたが何を自分自身に言い聞かせるかによって、積極的な思考習慣か消極的な思考習慣か、いずれかが身につくのです。

どうか、積極的な思考によって、積極的な行動習慣を生み出すようにしてください。あなたの成功も失敗も、あなたが自分に何を言い聞かせるかによって決まるのです！

◆四三歳で政界に進出し、文部大臣になる

私自身、三〇歳でスポーツ界からセールスの世界へ転身し、まったく異なる場所で活動してきて、今感じているのはスケートで培《つちか》った経験が生きているということです。

実際、二〇年に及ぶスケート人生の中では、苦しいことが多かったし、やめたいと思った時もありましたが、決してあきらめない（NEVER GIVE UP！）という心構えが私を支え、現役を続けることができました。

その意味で四〇〇メートルのスケートリンクで学んだことは、必ずビジネスの世界でも生きるはずだし、今後はもう少し柔軟に「寄り道」も考えながら、小学四年でスケートに挑戦した時と同じように、一からセールスの世界に挑戦していきたいと思っています。

かつて私は、自分が登るべき山は世界の最高峰エベレストだと信じて登ってきたので、今後の人生で目標を設定する時も、やはりエベレストをめざしたいと思います。

では、今後の私にとってその「エベレスト」とは何かと言えば、第四章の末尾に「私の夢と目標」を記しましたが、日本青年会議所の活動やＰＪＭでのセールス活動を経て、四

三歳で政界に進出したいと思っています。

そして、いずれは文部大臣となり、北海道にオリンピックを誘致してアマチュアスポーツをプロ化。全国の子供たちの夢を育《はぐく》むため、モティベーション教育を推進したいと考えています。

今、私は全国を回る講演会の席上で、自分自身のこうした夢と目標を広言していますが、当初はこんなことまで言ってしまっていいのだろうかと躊躇しました。しかし、不思議なもので、人前で宣言しているうちに、〝よし、俺は絶対に実現してみせるぞ〟という闘志と自信が湧いてくるようになったのです。

もちろん、エベレストに登るためには、誰でも山麓でベースキャンプを設営しなければなりません。そのための第一歩を踏み出したばかりの私は、ＳＭＩのセールス活動の中で、いろいろなことを学び始めている段階です。

経済的にもなかなか大変で、家族にも迷惑をかけていますが、仕事のやりがいという意味では、この上なく自分に合った仕事をさせていただいているという感謝の気持ちでいっぱいです。

人間の持っている潜在能力は無限ですが、それを実際に引き出して成功体験に結びつけていくには、「心構え」を改善しなければなりません。ＰＪＭジャパン・グループは、そうした努力を続けるすべての人々を羽ばたかせるお手伝いをしているのです。

私自身、今後もどんどんセールス活動の場を広げてさまざまな人にお会いし、ＳＭＩプログラムを一人でも多くの方に知ってもらう努力をしたいと思います。そして、すべての方が人生の真の豊かさに気づき、自分の潜在能力を開発することによって受けられる恩恵を感じていただきたいと思います。

この本は、そうしたすべての人々の幸福を願って編集されました。

これまでの私の人生を知っていただくことが、あなたの人生に何らかのプラスになれば望外の喜びです。

第一章——離陸への助走

一　室蘭の公務員家庭に育つ

◆「外遊び」に興じた少年時代

私がオギャーと大きな産声《うぶごえ》をあげて、この世に生まれてきたのは今から三一年前、昭和四七年（一九七二）二月一九日のことです。

後から知ったのですが、その日はちょうど、連合赤軍のメンバー五人が、軽井沢にあった河合楽器の保養所「浅間山荘」に立てこもり、千数百人の警官隊と銃撃戦を始めた日で、日本中の人々の目は現場からの生中継を伝えるテレビ画面に釘付けになっていました。それから一〇日後、警官隊の突入によって籠城戦は終わりましたが、私はそんな事件が起きた頃、北海道南部の噴火湾に面した室蘭市の産院で生まれたのです。

当時の室蘭市は、北海道を代表する臨海工業地帯の中心地で、新日本製鐵や日本石油などの工場が林立し、重要港湾に指定された室蘭港は、港内を行き来する船で賑わっていました。

市役所の職員だった父・治年、母・和子の長男として、一人っ子で育った私はすくすくと成長し、北西部の白鳥台小学校へ入学します。とにかく「外遊び」が好きな子供だったので、一日中、自転車に乗って虫捕りやザリガニ捕り、サッカーや野球をやったりして過ごしました。なにしろ北海道なので土地は広いし、遊び場には事欠かず、下水道の中へもぐりこんで探検したり、冬場は朝から晩までソリで遊んだものです。

その頃に比べると最近の室蘭は、不況と少子化の影響で人口が一〇万人以下まで減り、子供たちが公園でワイワイ言いながら、野球に興じる光景が見られなくなったのは寂しい限りです。

私が生まれた昭和四〇年代後半は「第二次ベビーブーム」と呼ばれ、子供の数が一時的に増えましたが、それ以降はオイルショックで低成長時代に入り、景気もずいぶん悪くなりました。

残念ながら、今の室蘭は〝鉄冷え〟という言葉がピッタリで、経済的に日本一厳しい町だという声も聞かれます。

◆わが家の独特の「風習」

しかし、大人の世界のことにはまるで無頓着だった少年時代の私にとって、夏休みは〝黄金の時〟が流れる特別な日々でした。朝のうちに宿題をすませて一〇時に友だちと会い、午前中、目一杯遊んで昼食に帰り、その後五時に帰宅を促す鐘が鳴るまで、一日中遊び歩いたものです。

そんな楽しい日々の中でも、わが家には他家ではちょっと考えられないような躾《しつけ》と、独特の「風習」がありました。たとえば父が家にいる時は、どんなに遊びに行きたくても必ず宿題を終わらせ、腕立て伏せを二〇回してからでないと外出させてくれません。

そのため家を出るのに手間どり、怒った友だちに置いてきぼりにされたことが何回もありました。一体、どうしてそんなことをさせたのか、〝身体を鍛えろ〟という意味だったのか、こればかりはいまだによく分かりません。

また、父は他人に対する言葉遣いが悪かったり、陰口や中傷を言ったりすること、お金をごまかすことなどに対して大変厳しく、うっかりそんなことをすると、数時間正座させ

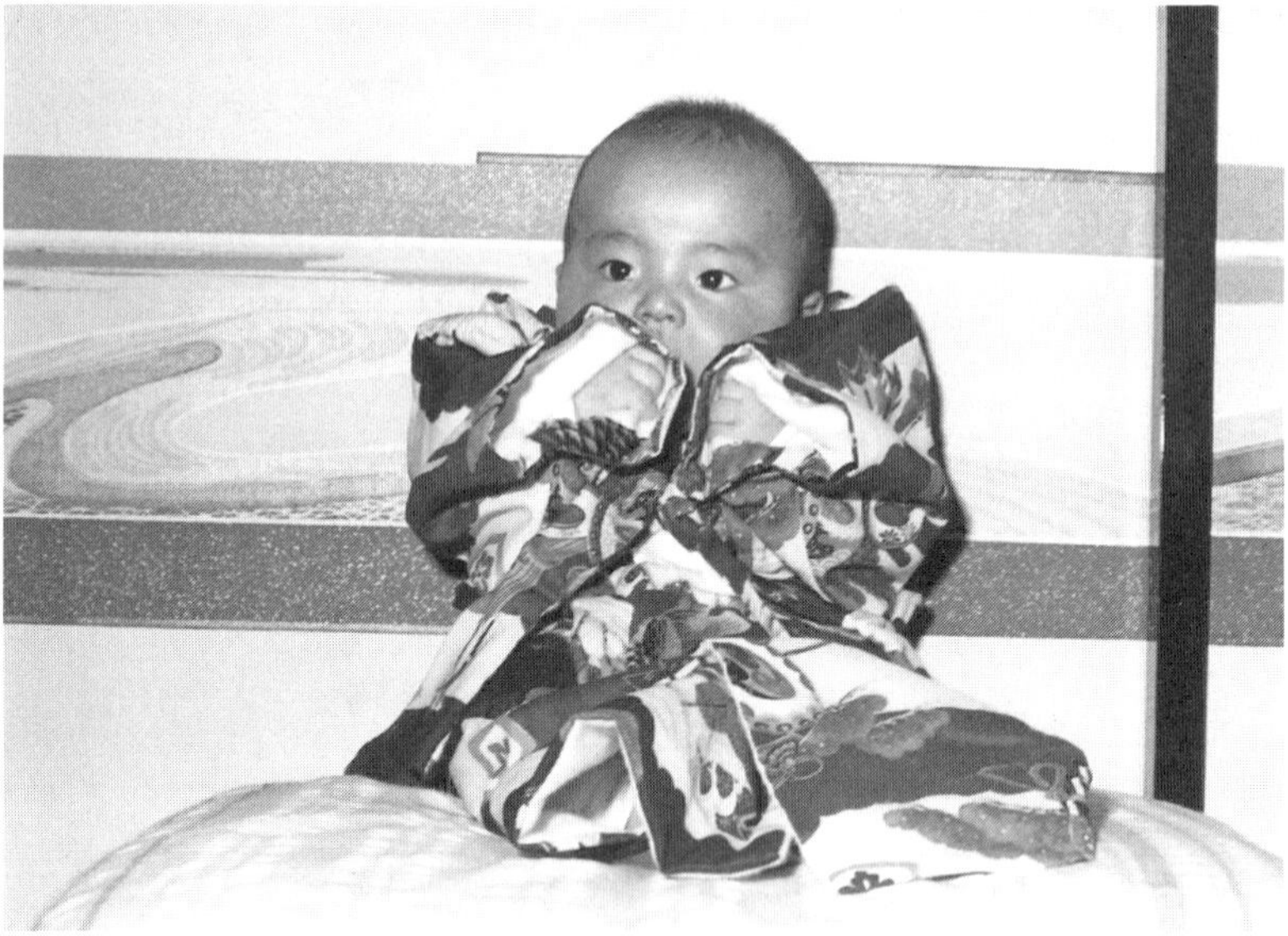

生まれて100日、「お食い初め」

幼稚園時代、中央が私

▲祖父と二人で相撲を見に行った時に撮影

◀祖父・中村勝雄

られ、反省文を書かされました。とくにお金の管理にはうるさく、お小遣いをどう使ったか報告し、領収書をもってきなさいと言うのです。

そのうえわが家では、私が正月に親戚からもらうお年玉の全額を父が取り上げてしまいました。いったん預かって、その一部を子供に与えるというのなら分かりますが、一切、返してくれないのです。したがって、わが家ではお年玉はあってもないようなもの。おそらく父は、子供に浪費癖をつけさせたくないと思い、余分なお金を与えると、ロクなことはないと考えていたのでしょう。

当時は、どうしてそんなことをするのかと悩んだこともありましたが、今はむしろ良かったと思います。お金のありがたさがよく分かったし、厳しい躾《しつけ》のおかげで、どういう場所に出ても恥ずかしくない「常識」を身につけることができたからです。

父同様、母も躾には厳しい人で、とくに先祖や仏様を敬《うやま》うことを口うるさく言い、それらをおろそかにすると、石炭をくべるデレッキでお尻を叩かれました。

実は、私には生まれてすぐ亡くなった弟がいたのですが、後年、私が帯広の白樺学園高校に通い始めると、母は口癖のように、「もしも息子が二人いたら、こんなに月謝の高い私立高校には行かせてやれなかったよ。だから、弟の分まで頑張りなさい」と言いました。そして祖父母の家へ行ったら、「まず、お線香をあげなさいよ」とよく言われたものです。

それで私は、今でも毎年のお盆には祖父母の家へ行き、亡くなった祖父の好物だった飴《あめ》や煙草にジュースを添えて、仏壇に供えることが習慣になっています。

◆人々の幸福のために働いた祖父

わが家では父も母も読書が好きで、いろいろな本がありましたが、市役所勤務の父は慎重な性格で、どちらかと言えば冒険を好まないタイプと言えるでしょう。

その点は母も同じで、〝石橋をたたいて渡る〟性格が強く、私が小学六年生の時、「将来の夢」を語る作文に、「スピードスケートでオリンピックに出場したい」と書いたら、「そんなことできるわけないでしょ。何を考えているの?」と叱られました。

そんな時に私を励ましてくれたのは、母方の祖父です。

祖父(中村勝雄)は室蘭市の船会社で働いていた時、部下の不始末によって起きた火災の責を負って辞職し、その後、地元の町内会長を一三年間務めて、身近な人々の幸福のために尽くしました。

天性のポジティブ・シンキング(積極思考)の持ち主で、少年時代の私が野球をやれば、「プロ野球の選手になれ」と言い、ちょっと太って相撲をやれば、「相撲取りになって、横綱をめざせ」と言う。スピードスケートを始めた時は、「オリンピック選手をめざせ!」

と励ましてくれたのです。

当時は、どうして祖父がそんな途方もないことを言うのか不思議でしたが、私が三、四歳の頃から、汽車に乗せていろいろなところへ連れて行ってくれ、〝何でも一生懸命やればできるんだよ〟と勇気づけてくれたことを覚えています。

後年、私が専修大学スケート部に入部した時も、一番喜んでくれたのは祖父で、この人から受けた影響は計り知れないほど大きかったと思います。幸い、父もこの祖父を尊敬しており、私が小学二年生の時に二人で上京して、後楽園球場で巨人―広島戦を一緒に観戦したことを覚えています。

開拓民特有の〝進取の気象〟と、心の広さを持っていた祖父は、当時、まだ迫害されていたアイヌの人たちを庇《かば》い、地元民との融和に努めたという話を祖母や母からよく聞かされました。

祖父は、残念ながら私が大学二年の時、病気で亡くなりましたが、その死を悼《いた》んで、大勢のアイヌの人たちが葬儀に参列してくれました。

昨年、スケート選手を引退した私は、いずれ政治家として活躍することを将来の目標にしましたが、その思いの根底には、身近な人々の幸福のために尽くした祖父のイメージがあるような気がします。

二 「スポーツ少年団」の活動と中学時代

◆スケートへの興味を育てた「スポーツ少年団」

ところで、私がスピードスケートに興味を持ち始めたのは、市立白鳥台小学校四年の時です。スケートはそれ以前から好きでしたが、たまたま同級生に千葉正樹という子がいて、彼が素晴らしく早く滑《すべ》っているのを見て、「僕もあんなふうに滑ってみたい！」と思ったのがきっかけです。

千葉君はお兄さんもスケートをやっていて、兄弟で地元紙に掲載されるほど早かったのですが、背が低いうえに〝泣き虫〟でした。しかし、どうしてそんなに早く滑れるのかと聞いたら、地元の「スピードスケートスポーツ少年団」に入っているからだと教えてくれたので、さっそく監督に電話をかけて入れてもらったのです。

ここで少し、日本のアイススケートの歴史をふりかえると、明治一〇年に札幌農学校（現在の北海道大学）の教師だった米国人ブルックスが、米国からスケート用具を持ってきたのが最初で、その後全国に広がりました。

現在は、同じ北海道でも札幌や苫小牧、帯広、釧路などに大きな室内競技場があり、北見や網走でもスケートが盛んですが、道南の函館や洞爺、長万部、室蘭などではあまり盛んではありません。

したがって、私が入部した室蘭のスケート少年団は地元の小・中学生の集まりで、練習より「自然の家」へ行ってみんなと遊んだり、集団生活の基本を身につけるボーイスカウトのような活動をしていました。

それでも、当時は今と比べものにならないほどスケート人口が多く、室蘭の全小・中学校の校庭にスケートリンクがありました。

「スポーツ少年団」に入ってもあまり練習しなかったために、女の子に負けるほど弱かったので、負けず嫌いだった私は悔《くや》しくなり、伊達や苫小牧のリンクへ通って練習するようになったのです。

そんな私が千葉君の記録に追いついたのは中学一年の時で、一年先輩の山口さんが練習に誘い、私をリードしてくれたおかげです。それからは練習が楽しくなり、室蘭の地区大会などで優勝して力を伸ばすことができました。

そして六年生の時、苫小牧で開催された実業団スピードスケート選手権大会で、有名な

スケート少年団に入部した日、小学４年生（右から②番目）

小学６年生の私、父治年、母和子（家の玄関で）

オリンピック選手だった黒岩彰さんの滑りを見たことが、私にとって強烈なインパクトになりました。

忘れもしない、あの日の一五〇〇メートル。大柄なのにキレのある、ダイナミックな黒岩選手の滑りはとても印象的で、コーナーワークが実にきれいでした。私はあの時、自分の将来のモデルを黒岩さんの姿に見たような気がしてなりません。

◆〝将来の夢はオリンピック選手〟

やがて私は、市立本室蘭中学校に進学し、次第にスケートの世界にのめりこんでいったのです。「スポーツ少年団」の先輩にいじめられてもくじけることなく、冬場は毎日学校から帰ると、バス代とジュース代、パン代だけもらって、スケートリンクへ通いました。

あの頃は滑ることが楽しかったし、友だちと一緒に滑るのがおもしろくて仕方なかったからでしょう。

夏場にはスケートのための体力づくりだと考え、一〇〇メートル走や高跳び、砲丸投げ、一一〇メートルハードル走など、部活の陸上部でさまざまなスポーツに挑戦しました。どれも大した成績は残せませんでしたが、足腰のバネを鍛えるにはかなり役立ったと思います。

あれは、ちょうどサラエボやカルガリーでオリンピックが開かれた頃で、私は小学六年の時の作文に、〝黒岩選手や橋本聖子選手のように頑張って、スピードスケートでオリンピックに出場したい〟と書いています。

もちろん、少年時代の甘い夢とはいえ、そんな年齢で夢中になれるものを持っていた私は、今から思えば幸福でした。人は熱中できるものを持てるかどうかで、その後の人生が大きく変わってくると思うからです。

ちなみに、わが家から一二、三キロ離れたところに伊達市営リンクがあり、そこでよくスケートの試合が行われました。しかし、うちの両親はめったに観戦に来てくれず、車による送迎もしてくれません。よその家では、往路はバスで行かせても、帰路は車で迎えに来てくれるのがふつうでした。

一人っ子で甘えん坊だった私はそれが羨《うらや》ましく、両親が迎えに来てくれるような成績を早くあげたいと思っていましたが、今にして思えば、私を過保護にすることなく、多少寂しい思いをさせても突き放したのは、早い時期から「自立心」を身につけさせるための育て方だったのでしょう。それはわが家に特有の教育法だったんだ、と思えるようになりました。

◆地区大会で一六位に入賞し、白樺学園へ

私が中学二年生の冬、自宅でのんびり新聞を読んでいた父が、〝スケートをやっているなら、これを読んだらどうだ〟と言いました。そこで紙面をのぞいてみると、「帯広の白樺学園高校、インターハイで総合優勝！」と、大きな活字で印刷されています。

その瞬間、私は〝ああ、この高校へ行きたい！〟と思いました。その見出しが異様な熱さをともなって、私の心を打ったのです。

やがて中学三年になると、私は一年生の時より身長が一一センチも伸び、一回り大きくなりました。当時の中学生の五〇〇メートルの最速記録は四〇秒七台でしたが、私は四三秒台まで出すことができたので、努力すればやれるかもしれないという気持ちになり、シーズン中はスケートの練習ばかりやりました。

そして初めての三者面談の席上で、私は両親に何の相談もせず、〝スケートをやりたいので、白樺学園へ行きたい〟と口走ったのです。あわてたのは同席していた母親で、「何をバカなこと言ってるの。うちには私立高校へ行かせるお金はないし、お父さんと相談しなきゃ、ここでは決められないわ」と言いました。

今から思えばもっともな話ですが、その時は本気でそう思ったのですから仕方ありません。しかし、夕食後にあらためて父と話したら、「スケートではメシは食えない」という

帯広中体連一年生。先頭集団がゴールして、7秒後の最下位でゴール

山梨県での全国大会。中学3年生の私は1500mで予選落ちし、最下位

現実的な話ばかりで、勢いこんでいた気持ちが萎《な》えてしまいました。

あきらめきれずに祖父に相談したら、こう言ってくれたのです。

「お前は両親に反対されたくらいで、自分の夢をあきらめるのか。それなら、初めから夢なんか持つんじゃない。何事も、最後は自分の意志で決めればいいんだよ」

その言葉に勇気づけられた私は、再度父と交渉し、「今年の全国大会に出場できたら、白樺学園に行かせてほしい」と頼んだのです。すると根負けした父は、「お前がそこまで言うなら、地区大会で一六位までに入り、全国大会に出場できたら行かせてやる」と言ってくれました。それでも母は、「お前が全国大会に出られたら、町内を逆立ちして歩いてあげるわ」と冷やかします。

私は最近、両親がこうした物言いによって私を発奮させ、〝負けてたまるか〟という反発心に火をつけるやり方が、わが家の教育法なのだということが分かってきました。実際、もしもこの時、私が両親の説得に負けて白樺学園への進学をあきらめていたら、オリンピックをめざすこともなかっただろうと思います。

こうして中学三年生の冬、私の人生にとって最初の転機となるレースが行われました。白樺学園高校へ進学したい一心で、必死になって練習した私は、札幌で開催された北海道中学校スピードスケート競技大会に出場。期待が高かった五〇〇メートルでは転倒して失敗しましたが、一五〇〇メートルで辛うじて一六位に入賞。一七位とわずか〇・〇二秒差で、最下位ながら全国大会に出場することができたのです。

その後、富士吉田市で開かれた全国大会では「予選落ち」となりましたが、とにかく両親との約束はクリアし、私は白樺学園に進むことができました。今思えば、この時の一〇〇分の二秒差が私の人生を変え、三度のオリンピックに出場する青春の〝原点〟になったと言えるでしょう。

昨年、スケートから引退した私は、よくマスコミの人たちから、「あなたの子供がオリンピックをめざしたいと言ったら、どうしますか」と聞かれます。

その時は、かつての父と同じように、スケートではメシが食えないからやめろと言うかもしれません。しかし、その反対を押し切ってでもやりたいというなら、きっと応援するでしょう。

何でも勝手にやれと放任するのではなく、危険だからダメだと抑《おさ》えるのでもなく、子供の「反発力」を確かめた上で、これなら大丈夫だろうと納得したら送り出してやる。それが、子供の成長を見守る親の基本的な態度ではないでしょうか。

昔はわが家の教育法に納得がいかず、理不尽だと感じたことも多々ありましたが、最近はそのプラス面がよく見えるようになってきました。

教育と言えば、もう一人、本室蘭中学野球部監督の後藤先生のことが忘れられません。後藤先生はよく、「堀井には誰にも負けないバネがあり、柔らかさとしなやかさがある。大器晩成型なんだから、あきらめずにしっかりやれ！」と励ましてくれました。

「子供はほめて育てろ」と言いますが、そういうことを言ってもらえるのは、本当にうれしかった。

誰にせよ、子供時代は心が揺れていて自信が持てないものですが、そういう時期に自信を持たせてやることが、どれほどその子を勇気づけることか。幼ければ幼いほど、この種の言葉掛けがその後の人生に大きな影響を与えると思います。

逆に言えば、「そんなことはできるわけがない」と嘲笑し、子供の足を引っ張ることがどれほど子供を傷つけ、その後の人生を狭く閉ざされたものにしてしまうか。世の中にはそんなマイナスの「刷り込み」によって、大人になっても過剰なコンプレックスをかかえて生きている人々が想像以上に多いと思います。

後藤先生が私に言ってくれたのは、それとは正反対のプラスの〝呪文〟であり、当時の私をどれほど勇気づけてくれたことか。いまだにその言葉を覚えているということは、よほど印象的だったのでしょう。

三　憧れの白樺学園高校に入学

◆坂井監督との出会い

こうして私は白樺学園高校をめざすことになりましたが、まだスケートの実力は大したことがなかったので、「一般受験」の関門を突破しなければなりません。

うれしかったのは、当初は入学に反対した両親が付き添ってくれたことで、試験の前々日に一家総出で帯広へ行き、試験会場を確認してから市内のホテルに泊まりました。

試験当日は、母がまだ夜の明けない四時半頃に起き出して支度をしてくれ、私は五時に風呂に入って、簡単な食事をしてから出かけました。幸い試験はうまくいき、合格発表も両親と一緒に見に行ってその場で入学手続きを済ませ、さっそくスケート部の坂井俊行監督を訪ねました。

白樺学園OBの坂井監督は三段跳びの全道記録もと保持者で、日本体育大学時代は重量挙げの選手として活躍し、いろいろなスポーツに通じていました。練習中は何も言わずに見ているだけで、気になった選手だけを呼ぶスタイルで、非常に厳しく怖《こわ》い監督でした。

その頃の運動部では一年生は「奴隷」で、二年生になってやっと「平民」と認められ、三年生は「神様」扱いでしたが、坂井監督と川原正行コーチは神様以上の存在で、大変な存在感がありました。

しかし、実際に指導を受けてみると、発想豊かなアイデアマンで、さまざまな練習を通じて選手の向上心を引き出し、テクニックよりメンタル面を重視する指導で力を発揮されました。その坂井監督を訪ねたら、「すぐ髪を切ってこい。練習は厳しいけど、あきらめずに最後までやりぬきなさい」と言われました。

それからの三年間、私は監督の自宅（合宿所）に寝泊まりしながら、学校とリンクへ通う毎日を送ることになります。その時は、〝これから好きなスケートを思いきりやれる〟という嬉しさに、身震《みぶる》いしたことを覚えています。

現在の白樺学園高校は、全国から優秀なスケート選手が集まる名門校ですが、私が入学した頃は、まだ全道から選抜された選手が集まる程度のレベルでした。

しかし、川原、大山、篠原、三谷先輩など、オリンピック級の実力を持つ選手たちを輩出し、私や清水宏保、島崎京子などが活躍してから、全国レベルの有力選手が出るようになります。私はスピードスケート界で日本一のこの高校に入ることによって、初めて自分の実力を思う存分、開花させることができたのです。

◆〝自分で考えて実行する〟練習

白樺学園スケート部に入って一番驚いたのは、どういう練習法が自分のためになるか、「何事も自分で考えて実行せよ」という指導でした。ある意味で、これほど厳しく大胆な指導法はなく、入学当初はとまどいましたが、意識レベルの高い超高校級の生徒ばかりなので可能なのだと思います。

川原コーチが常に言っていたことがあります。「努力に勝る天才はいない」「お前は試験で入ってきた。特待や推薦の選手と同じことをしていてはだめだ」

そこで私は、自分に合った練習法を見つけるため、ローラースケートや重量上げ、ランニング、自転車、陸上競技など、さまざまな種目に挑戦しましたが、どの種目もハイレベルで、最初は女子選手の練習にもついていけませんでした。

そのうえ、ローラースケートの練習をしていた時に転倒し、顎《あご》を五針も縫うケガをしてしまい、先輩たちから本当に三年間やっていけるのかと呆れられました。

コーナーリングなどのテクニック練習も初めてで、なかなかうまくいかず、女子選手たちから「やる気があるの？」と笑われ、悔《くや》しい思いをしたものです。

一年生の時は何も分からず、無我夢中で練習するだけでしたが、父が贈ってくれたゴルフのジャック・ニクラウスのイメージ・トレーニング用テープに救われました。

〝すべての道は模倣から始まる〟と言いますが、私は人真似が上手だったので、尊敬する先輩の滑りをじっくり観察し、滑走中の腕の振りや足の運び、首の位置や目線の置き方などを真似させてもらったのです。おまけに彼らの歌真似までするようになり、意識的に大きな声で挨拶したので、先輩たちに可愛がられるようになりました。

それで少し余裕ができて記録も伸び、二年生になると、練習に集中できるようになりました。当時のスケジュールをふりかえると、朝は、登校前に練習してから学校へ行き、放課後に合同練習。そして合宿所に戻り、夕食を食べてから自主練習をしました。

私の自主練習中、自慢できるのは縄跳びで、毎日三〇分前後五〇〇回とか一〇〇〇回とか回数を決め、縄がすり切れるまでやりました。これも先輩の真似ですが、足腰のバネの強化に役立ったと思います。

また、重量上げでは、一年で一〇七・五キロ、二年で一三二・五キロまでスクワットで上げられるようになり、筋力に自信が持てるようになりました。

白樺学園では、コーナーをうまく回るためにコーナーリングの練習をするのは当たり前で、これが一番良い滑り方だというお手本を見せ、その通りやれという指導はしません。

監督やコーチは、とにかく自問自答することによって自分なりの練習法を編み出すことが大切で、研究心や向上心のないやつは上達しないと言うのです。そして、黙って見ていることが多いのですが、ちょっと早くなると声をかけてくれる。そのうち選手たちは、声をかけてもらうのが待ち遠しくて仕方なくなります。

スケート部の生徒は、私以外ほとんど特待生で、小・中学生の時から英才教育でスケートをやっていた人ばかりでしたが、一定の型に押し込めることなく、個々の生徒の長所を伸ばしていく白樺学園の指導法は、私のスケート人生に大変プラスになったと思います。

◆「目標設定」と「反復練習」の重要性

高校時代の私は体力的にもまだ弱かったので、筋肉をできるだけ効率的に使って疲れないようにしながら、いかに早く滑るかということを常に念頭に置きました。全道から集まった先輩や同級生は私よりずっとレベルが高く、三年間を通じて練習についていくのがやっとだったからです。

にもかかわらず、そんな私がオリンピック選手として活躍できたのはなぜでしょうか。先輩たちは憤慨するかもしれませんが、そこには、自分で考えて積極的にやった練習と、周囲にやらされた練習の差があったような気がします。

どんな分野にせよ、中学・高校時代までは周囲に強制される〝恐怖のモティベーション〟で伸びることがありますが、その後も伸びていくには、自分を駆り立てる〝自発的なモティベーション〟がなければダメなのではないでしょうか。

もうひとつ大切なのは、メンタル面です。

私は高校時代に、自分の目標を高く掲げて、それを成し遂げようとする精神的な強さがいかに重要かということを教えられました。

具体的には自分の目標タイムを設定して、常に口に出して言い、紙に大書して部屋の目立つところに貼るのです。こうしておくと、どんな高い目標でも達成できるような気がしてくるし、実現できなければ恥ずかしいと感じます。その目標が実現できたら、次の目標を設定すればいいのです。

つまり、いかに前向きに考えて積極的に練習するかということと、自分なりの目標設定をすることが非常に大切で、そうすれば、どんなに辛い練習でも「快感」になってくる。練習すれば目に見えて上達するし、そのことに気づくと、さらに練習がおもしろくなってくるからです。

また、スケートは「反復練習」が多いので、つまらないと言われます。たしかに一見すると同じ動作ばかりで、最初はおもしろくないでしょう。しかし、「この動作をもっと効率的にやるにはどうしたらいいか」と考え始めると、「ああ、これがもっと良いやり方だ」と気づく瞬間が増えてきます。そうなればしめたもので、反復練習が次第におもしろくなってくるはずです。

野球で言えば、「素振り」が反復練習で、黙々とバットを振るだけの練習はおもしろくないかもしれませんが、一球一球、ボールのコースやスピードを想定し、自分なりに工夫して素振りをすれば、必ずおもしろくなってくると思います。

そして実際に打席に立った時、「僕はいつも実戦を想定しながら、素振りをしているんだ」と思って立つのと、「早いピッチャーだけど、打てるかな」と思って立つのとでは、結果がまったくちがってきます。自分なりに考えながら反復練習を続けると、それが大きな自信につながり、少しも苦にならなくなってくるのです。

サッカーの試合でも、いきなり試合に出てペナルティ・キックを蹴れと言われた時、「いつもやっている練習と同じだ」と思えるかどうかで結果が違ってきますが、そういう時こそ、反復練習をどれだけ積極的にやってきたかどうかの差が出ます。

その単調さに嫌気がさし、途中で投げ出す人もいますが、それでも続けるのは、反復練習のおもしろさを知っているからです。私は高校時代に、コーナーだけで加速する「コーナー・ダッシュ」の反復練習を考案して熱中しました。それは誰もやっていなかった練習メニューでしたが、その後、多くの生徒が取り組むようになっています。

当時の私は人並みの高校生で、時には土曜日の練習が長いなと感じたこともありましたが、練習後の達成感や充実感が素晴らしかったので、続けることができたのでしょう。

練習を始める前には嫌気も起きますが、始めてしまえば、いつのまにか「もう一本、もう一本」と数えるようになります。

縄跳びにしても、始めるまで少し時間がかかりますが、昨日四〇〇回やったから、今日は五〇〇回やろう、一回でも足をひっかけたら、もう一回最初からやろうとか、そういうノルマをやりとげないと合宿所へ帰りたくなくなりました。

後年、そんな私は〝練習の鬼〟などと言われましたが、練習後の達成感や快感を覚えてしまうと、それを感じないで練習をやめることができなくなってしまうのです。多くの人はそこまで練習をやらないでやめてしまいますが、私は熱心に反復練習をしたことが記録の伸びにつながったと信じています。

これからは、多くの子供たちにもっと〝成功体験〟を味わわせてあげたい。日常生活の中で小さな「成功」を積み重ねることが、次のやる気やモティベーションを引き上げていく時に重要だと思うからです。

◆インターハイ二連覇と黒岩彰さん

一生懸命練習に励んだおかげでしょうか、白樺学園は高校二年の時のインターハイで、男子は総合優勝、女子は準優勝を勝ち取り、私は男子五〇〇メートルで二位に一秒差をつけ、優勝の栄冠をつかむことができました。その感激は今でも忘れませんが、まるで雲の上でも歩いているようなフワフワした気持ちでした。

私がこんな夢のような成績を残せた一番のきっかけは、坂井監督の励ましだったと思います。監督は、一年生の私がインターハイで予選落ちした時、部室に呼んでこう言ってくれました。

「お前は今回予選落ちしたが、将来は日本を代表する選手になるんだから、気落ちするな。また明日から、頑張って練習しろ」

高校野球で言えば、地区予選の一回戦で敗れたような人間に向かってこんなことを言う人は、まずいないでしょう。坂井監督は、私の能力を本気で信じてくれたのです。もしかすると、他の生徒にも同じような言葉をかけていたのかもしれませんが、重要なのはこうした言葉の受け止め方だと思います。

私は非常に嬉しくなり、翌日、メチャクチャに練習した思い出があります。ランニング中には、映画「ロッキー」の主題歌やオリンピック賛歌をヘッドホンで聞きながら、高揚した気分で走りました。あれほどやる気が湧く言葉をかけてくれる監督は、めったにいないでしょう。

坂井監督は、コーナーを回る時に左足が内側に入るとスピードが鈍るので、入らないようにする練習法を考えてこいという課題を与え、膝に巻いたスポンジに釘をさして刺激するアイデアを出させました。

また、すべてのスケート部員に、早く滑るにはどうしたらいいか考えてこいと言い、レポートを提出させました。そして、自分で考えたポイントを紙に書いて部屋に貼り、それを常に見て生活することの重要性を私たちに説いたのです。

〝どうしたら早く滑れるか〟ということを突き詰め、自分なりの解答を生み出すことがいかに大切かということを、坂井監督は教えてくれました。

こうした指導のおかげで、高校三年の私は平成二年（一九九〇）一月二四日に岩手県営スケート場で開催されたインターハイ（全国高校スケート選手権大会）で、男子五〇〇メートルに出場。三八秒二一の大会新記録をマークし、この種目で二連覇を達成することができました。

この時の滑りは、坂井監督から、「最後まで膝が曲がっていて、良い滑りだった。百点満点」と言ってもらえるほど好調で、自分でも完璧なレースができたと感じました。

白樺学園時代。盛岡でのインターハイ、五〇〇ｍで二連覇。高校3年生の私。上写真は左から鈴木、坂井、私、川原。写真提供は鈴木幸太郎、十勝毎日新聞

嬉しかったのは、当時、専修大学スケート部の監督で全日本チームのコーチをしていた黒岩彰さんが、このレースを観戦していたことです。黒岩さんは私の滑りを見た後、スポーツ紙のインタビューに答えてこう語っています。

「今日は決して条件は良くない。氷こそ地元の人たちが整氷を熱心にやってくれたが、スタートとラストスパートで一〇〇メートルほど、二回も風を受けたでしょう。その中での新記録は立派の一言で、粗削りだがスケーティングが良いし、高校時代でなければできない体力強化ができているのは、さすが白樺学園の選手です。

僕は高校時代は飛び抜けた選手じゃなかったが、彼はもっと伸びるだろうし、可能性ではもっと上かもしれません」（「日刊スポーツ」一九九〇・一・二四付）

私が、これまでのスケート人生で影響を受けた人はたくさんいますが、坂井監督や川原コーチと並んで、黒岩彰さんの名前が必ず浮かびます。

実は高校二年のインターハイで優勝した時、日本大学の先輩から、「日大へ来ないか」と誘われていたのですが、二連覇を達成した後、白樺高校のトレーニング室に黒岩さんがやって来て、「堀井、俺と一緒に世界一をめざそう」とくどかれたのがきっかけで、専修大学へ進学することにしたのです。

そうまで言われて行かない人はいないだろうと思いますが、今でもあの時の黒岩さんの言葉は忘れられません。

◆白樺学園から専修大学スケート部へ

この年、私はインターハイから一週間後に、盛岡市で開かれた第四五回「国体スケート」へも出場し、少年男子五〇〇メートルでダントツの初優勝を飾りました。

同年一月三一日付の毎日新聞は、「素質抜群、力の滑り」という見出しで、この日の私の滑りとプロフィールを、次のような記事にしています。少し恥ずかしいのですが、当時の私が客観的にとらえられているので、あえて全文を掲載させていただきます。

〝少年男子五〇〇メートルを制した堀井学（北海道・白樺学園）は、「向かい風。最初から飛ばすしかない」の計算どおり、スタート直後すぐに先頭を奪った。インターハイ五〇〇メートル二連覇の実力者だけに、ダッシュ力やパワーは決勝進出メンバーの中でず抜けていた。楽々とトップに立つと、バックストレートでは浜道隆寛（青森・八戸工）を体ひとつリード。後続グループにも五メートルの差をつけての文句なしの勝利だった。

堀井は室蘭市生まれの一七歳。中学三年生の時、「全国中学校大会に出場できたら、あこがれの白樺学園に行かせてほしい」と、父親・治年さんに懇願。そして、思いどおり帯広市へ。初めて親元を離れてのホームシックも、「自分で決めた道だから」と弱音を吐かず、坂井俊行・白樺学園スケート部監督の自宅に下宿しての精進で、実力を伸ばした。

国体は初出場。昨年はインターハイ五〇〇メートルだけだったが、今年はインターハイ五〇〇メートルに続いての優勝で、ダブルタイトル。名実ともに、高校短距離界ナンバーワンとなった。

一七八センチ、七三キロと短距離にはもってこいの体型。「まだまだです」と堀井は言うが、坂井監督は、「技術的にはそれほど問題はないが、まだカーブで怖がっている。練習でこれを克服できれば、ダブルトラックで三七秒台で滑れる実力を持っている」と、素質を高く評価している。

（今年）四月からは、尊敬する黒岩彰監督の率いる専大に進む。「金の卵」のスケーティングを見に来ていた黒岩監督も、「パワーがあるし、すごい選手だ」と、堀井の滑りに満足げだった〟

こうして白樺学園高校を卒業した私は、黒岩彰さんが監督を努める専修大学へ進学し、オリンピック出場をめざすことになりますが、私がスケートの基礎づくりをすることができたのは、白樺学園での三年間の反復練習のおかげだったと思えてなりません。

第二章――上昇気流に乗って

一　家族の愛に支えられて

◆スランプに陥った大学時代

平成二年（一九九〇）四月。専修大学商学部に入学した私はさっそく上京し、小田急線の向ヶ丘遊園駅に近い生田キャンパス第一体育寮で寮生活を始めました。ホッケーやスキー、スケートなどのウインター・スポーツをはじめ、バスケットボールやレスリング、ボクシング部員などと一緒の寮生活は新鮮で、全国から優秀な選手が集まる運動部の雰囲気は、なかなか刺激的なものでした。

しかし、白樺学園時代とは違って、専大スケート部の練習はテクニック・トレーニングとイメージ・トレーニングが中心で、高校時代の「自分で考える練習法」を否定されることがたびたびありました。一言で言えば、一定の枠にはめられるような練習法に違和感を覚えることが多かったと思います。

しかも、練習は授業が終わった夕方五時から九時頃の時間帯に限られ、昼間のもっと良い時間に練習することができません。大学の授業も結構大変で、予習しなければ単位がとれない語学が頭痛のタネでした。

そのうえ、北海道の田舎から都会へ出てきた解放感があり、いろいろな誘惑に負けそうな体験をする中で、自分なりの生活のリズムを作れなかったのが正直なところです。

こうして一、二年の頃は練習はまじめにやったものの、どこかで身が入らない時期が続いたため、早く滑りたいと焦るばかりで記録が出ず、いつのまにかスランプに陥ってしまいました。

今ふりかえれば、東京の生活になじめなかっただけかもしれませんが、高校時代のライバルにも負けるほど記録が低迷。それに対して「練習法が合わない」と言い訳していたような気がします。そこで、二年の冬に開かれたアルベールビル五輪には出場できず、春休みは故郷でテレビ観戦をしながら、友だちと遊んでいました。

そんな折り、いつも私を励ましてくれた祖父が亡くなったのです。お見舞いに行っていて、目の前で息をひきとったのですが、「日本代表を目指せ」といったのが最後の言葉でした。その死に大きな精神的ショックを受けた私は、葬儀に参列した後も実家で鬱々とした日々を送ります。

ところが、私はその期間に数科目の「追試」を受けることになっており、大学側の好意でやっと設けてもらった追試をさぼったことが大問題になりました。祖父の葬儀に出席しても、その足で帰京すれば試験を受けられたのに、それを放棄した私の怠慢が専大運動部全体の問題に広がってしまったのです。

やがて、アルベールビルから帰国した黒岩監督から呼び出しがかかり、覚悟していたとはいえ、きつく叱られました。

「葬儀に出ても追試は受けられたはずなのに、お前は一体、何をしていたんだ。いっそのこと、スケートなんかやめてしまえ」

私は自分で自分が情けなくなり、思わず涙が出ましたが、気を取り直して顔をあげ、

「申し訳ありません。心を入れ替えてやり直しますから、もう一度チャンスをください」

と、監督に頼みました。

どうしてかと言えば、祖父の葬儀に参列した近所の人たちから、亡くなる直前に祖父が

こう話していたと聞いたからです。

「今度のオリンピックに学が出られないのは残念だが、次のオリンピックには必ず出るから、楽しみにしていてくれ」

私はその話を聞いて、人目もはばからず大声で泣きました。そして、アルベールビルに行けなかった悔しさをかみしめ、次のオリンピックには必ず出るぞという決意を固めたのです。

◆「浅間選抜」で大会新、全日本クラス初勝利！

こうして大学三年になると、私は心を入れ替えて大学へ通い、あらためてスケートの練習に身を入れ始めました。これを機会に、それまでやっていなかった練習法も積極的に採りいれたのです。

オフシーズンのウエート・トレーニングは週二回から四回へ増やし、週二回、ローラースケートジャンプを五〇〇メートル、五〇本、多い時は一日五〇〇メートル、一〇〇本。それに加えてローラースケートやスライドボードは、どこの大学の部活動にも負けないほどやりました。その結果、細くなっていた太ももに筋肉がつき始め、体重も二キロアップして練習がおもしろくなってきました。

毎日の生活の中でも、体調を崩さないようにうがいと手洗いを欠かさず行い、専修大学独自のメンタル・トレーニングも暇を見つけて繰り返し、〝まるで別人になったようだ〟と言われるようになります。ふだんは厳しい黒岩監督も、〝スケートに集中する姿勢になってきた〟と評価してくれました。

そんな私をさらに発奮させたのは、この年の冬、C型肝炎の治療で入院した父が、私に心配をかけさせないため、〝入院のことは絶対知らせるな〟と、母に命じていたことです。苦しい闘病生活を続けながら、私に毎月一〇万円の仕送りを続け、夏のカルガリー合宿の費用も負担してくれた父。憧れの専修大学へ進学させてもらったにもかかわらず、不甲斐ない成績に甘んじていた私を、そこまで支えてくれた両親の愛が私を打ったのです。

そんな親心に何とかして報いたいと思っていた矢先、平成四年（一九九二）一二月に浅間国際スケートセンターで開かれた「浅間選抜スピードスケート大会」は、私にとって恰《かっ》好《こう》の舞台となりました。

男子一〇〇〇メートルに出場した私は、ラストの一周、心臓が張り裂けそうになるような苦しさの中で、氷を強くキックする方法で滑ったことが効を奏し、一分一四秒三八の大会新記録でゴール。ラスト一周のタイム二九秒五二は三一選手中の最高記録で、自己ベスト記録を二秒五三も縮めることができました。

苦手だった一〇〇〇メートルの全日本クラスで、初めて優勝できた感激はひとしおで、恩師の坂井俊行監督もスポーツ紙のインタビューに答えて、「今日の滑りは気迫が見られて良かった。堀井はワールドカップ組と同等のレベルを持っているのに、出てくるのが遅いくらいだ」とほめてくれました。

私はこの「浅間選抜」の優勝によって、入院中も黙って送金してくれた父にようやく恩返しができたと思っています。

二　初めてのオリンピック出場、リレハンメルへの道

◆「スピードスケート」はどんな競技か

その後、私は大学四年（二一歳）でリレハンメル五輪に出場し、五〇〇メートルで銅メダルを獲得しましたが、その経緯を記す前に、一般にはなじみの薄いスピードスケート競技のあらましを説明しておきましょう。

ふつうスピードスケートの公式戦は、一周四〇〇メートルの標準ダブルトラックで行わ

れます。ダブルトラックというのは二名ずつで滑るコースのことで、その競技法をタイムレースと呼びます。

競技種目は男子が五〇〇メートル、一〇〇〇メートル、五〇〇〇メートル、一万メートル、女子は五〇〇メートル、一〇〇〇メートル、一五〇〇メートル及び三〇〇〇メートルで、コースは外側と内側の二トラックに分かれます。

出場選手は抽選で滑走の順番と滑走路を決め、二名ずつの走者は一定の交差地域で、外側からスタートした選手は内側のトラックへ、内側からスタートした選手は外側のトラックへ入れ替わらなければなりません。それぞれのトラック幅は五メートルで、境界は雪で作られますが、雪がない時は固定しない木片を用います。

内側と外側の走者が同時に交差地域に入り、衝突する危険がある時は、外側の走者に「優先権」が与えられ、内側の走者はその後からトラックに入らなければなりません。もし両者が衝突あるいは接触したら、内側の走者がペナルティを負うことになります。

こうした競技法は世界選手権やオリンピック、日本選手権、学生選手権のほか、すべての国際的な公式戦に適用されますが、世界選手権が、男女とも四種目の総合得点で順位を決めるのに対し、オリンピックは距離別に優勝者を決める点が異なります。

なお、一九七〇年から短距離のみの「世界スプリント選手権」が実施されていますが、これは男女共五〇〇メートルと一〇〇〇メートルの二種目を二日間で二回ずつ滑り、四競技の総得点と、三競技で一位を占めた者が優勝する競技法を採用しています。

このほか、スピードスケートには、陸上競技のような「集団スタート」もありますが、シングルトラックあるいはオープンコースと呼ばれる一〇メートル以上の幅のコースで行われ、日本では国民体育大会や地方の競技会などで採用されています。

なお、日本のスケート選手がオリンピック冬季大会に初めて出場したのは、昭和七年（一九三二）に米国レークプラシッドで開かれた第三回大会で、四名のスピード選手と二名のフィギュア選手が参加。第二次大戦後は高見沢初枝や内藤晋、鈴木恵一、黒岩彰、橋本聖子などの選手が、オリンピックや世界選手権などの晴れ舞台で活躍しています。

◆イメージの中で表彰台中央へ

さて、「浅間選抜」で優勝して気を良くした私は、あらためて二年後のリレハンメル・オリンピックに出場することを目標に、自分の滑りの欠点を徹底的に究明することにしました。

そして、黒岩監督や前嶋スケート部長と相談しながら分析した結果、氷に力を伝えるタイミングや身体の動きがバラバラだということが分かったのです。それがバラバラだと、氷に伝わる力が半減し、いくら頑張っても早く進むことができません。

それなら、もっと効率的でタイミングの良いフォームで氷を蹴る練習をすればいいわけで、そのためのトレーニングを集中して行いました。私の課題は、エッジに効率的に力を伝えるフォームを確立することだと分かったので、そのトレーニングは大学卒業後、王子製紙に入社してからも続けました。

一方、メンタルな部分では、私がリレハンメル五輪で活躍するだろうという人々の期待は小さく、比較的楽な気持ちで試合に臨めたことが勝因の一つです。

イメージ・トレーニングについては、一、二年生の頃はその重要性が分かりませんでしたが、三年生になって人の心の奥深さを感じるようになり、真剣に取り組むようになりました。

これは自分の視線に沿ったイメージにすぎませんが、リレハンメルのリンク会場にバスが到着するところから始まり、会場でウオーミング・アップをしてからスケート靴を履《は》き、リンクに上がる。

スターターの号砲でスタートし、五〇〇メートルを全力で滑走して良いタイムでゴール！ ガッツポーズを決めながら観衆の歓呼に応え、表彰台の中央へ上がる。会場に「君が代」が流れる中で勝利の喜びをかみしめ、胸をジーンと熱くする私……。

そんな「成功体験」をリアルに想像することによって、練習意欲がどんどん湧き、実際にそうなりたいという願望が育ちました。そのプロセスで、比較的容易に、リレハンメルの表彰台をイメージすることができるようになったのです。

そして、平成五年（一九九三）二月。前年の世界スプリント選手権で三位に輝いた私は、リレハンメルの〝前哨戦〟であるワールド杯ハーマル（ノルウェー）大会二日目、三六秒〇九の日本新記録を出して二位でゴールしました。

優勝は米国のダン・ジャンセンで、三五秒九六。ジャンセンは、史上初の三五秒台をマークした前日の三五秒九二には及びませんでしたが、連日三五秒台を記録し、日本勢の最大の強敵と目されていました。

その意味で私は、よく滑るハーマルの高速リンクで、未知のスピードを体験できてよかったと思っています。当時のオリンピック代表の中では、井上純一や清水宏保、浜道隆寛、黒岩敏幸などの日本大学勢が脚光を浴びており、私は〝蚊帳の外〟でしたが、〝彼らに負けてたまるか〟という闘志が沸々と湧いてきたことを覚えています。

◆四組アウトコースで「三六秒の壁」に挑戦

いよいよ、リレハンメル五輪がやってきました。

平成六年（一九九四）二月一二日、ノルウェーのリレハンメルで開かれた第一七回冬季オリンピック大会には、過去最多の六七の国と地域から約二二〇〇人が参加して、一六日間にわたる熱戦を展開しました。前回のアルベールビルで、七つのメダルを獲得した日本選手団は、男子四九名、女子一六名の総勢六五名で、二月五日に結団式を挙行。現地に出発する前、室蘭の地方紙の取材に応じた私は、世界の強豪を相手に晴れの舞台に臨む抱負を、次のように述べています。

「あくまでも本番で走れる四人の枠に入れることが前提ですが、メダルを獲得するという意識よりも、なんとか三六秒の壁を突破して世界記録に少しでも近づきたいですね。ワールド杯ハーマル大会では、最終コーナーで少しふくらんだためタイムを落としましたが、コーナーリングにさらに磨きをかければ、タイムはもっと縮むと思います」（「室蘭民報」）

こんな意気込みでリレハンメルへ向かった私は、ハーマルの五輪ホールがノルウェーのシンボル・カラーである赤一色に埋め尽くされた開会式に感激する間もなく、大会三日目の男子五〇〇メートルに臨みました。

いざ本番の日、レース直前の練習のため、五輪ホールの地下階段からリンクへ上がって

リレハンメル五輪、500mのスタートの瞬間。アウトコースが私

リレハンメル五輪の表彰式（左側に私）

観客に手をふってこたえる私

リレハンメル五輪の閉会式。中央に橋本聖子さんの姿がある

いくと、自然に涙がこぼれてきました。これまで自分が目標にしてきた場所に、初めて立てたという嬉しさが一気にこみあげてきたのでしょう。辛かったことや苦しかったこと、悲しかったことなど、複雑な思いが一瞬のうちに脳裏に蘇《よみがえ》り、歯をくいしばって涙をこらえました。

そして、「よし、やるぞ！」という気持ちでリンクに上がり、ウオーミング・アップをしながら、千歳空港まで見送ってくれた母が渡してくれた、亡き祖父の写真を取り出して見ました。

この時のレースでは、世界記録保持者のダン・ジャンセンや、ロシアのゴルベフ、クレフシェニアなどの強豪と競うことになりましたが、前日の組み合わせ抽選の結果、私は四組のアウトコースで滑ることに決まりました。

この「四組アウト」には不思議な因縁があり、専修大学の黒岩監督が八四年のサラエボ五輪で失敗し、八八年のカルガリー五輪で銅メダルを獲得した時と同じです。

短距離レースの五〇〇メートルでは、基本的にインコースでスタートする方が有利なので、多くの選手は「イン」になることを望みます。

スピードスケートでは、スタートから二〇〇～三〇〇メートルの交差地域でコースを変更しなければなりませんが、トップスピードが出ている状態でコーナーを回るには、カーブの大きなアウトコースへ出る方が、小さなブレーキをかけるだけで済むメリットがあります。

これは自動車の場合も同じで、トップスピードが出ている時にカーブを回ると、遠心力が働くため、インコースの小さなカーブを回る方がむずかしく、アウトコースの方が減速が少なくて済みます。

そこで、「四組アウト」のクジを引き当てた黒岩監督（全日本コーチ）は、その結果をなかなか言ってくれません。それまで私が好記録を出したのは、インコースだったことを知っていたからです。しかし、私は「イン」でも「アウト」でもイメージ・トレーニングを積んでいたし、なぜか「四組」で走るものと思いこんでいたので、それほど気になりませんでした。

実際にオリンピックのスタートラインに立った時は、「これは初めてじゃない。いつものイメージと同じだ」という〝既視感〟にとらわれました。そのことによって全身から余分な力が抜け、かなりリラックスして滑ることができたかもしれません。

その意味で、中学・高校時代から始めたオリンピックのイメージ・トレーニングが、私の最大の勝因だったと言えるでしょう。第二組のダン・ジャンセンが手をついて転びそうになり、まさかの成績で終わったため、〝これはいけるぞ〟という気持ちになれたことも大きかったと思います。

一〇〇メートルのラップタイムで九秒八六の好スタートを切った私は、第二カーブで少しふくらみましたが、後半にぐんぐん加速して三六秒五三でゴール。残念ながら「三六秒の壁」は破れませんでしたが、憧れの銅メダルを手にすることができたのです。

◆休職中の父に「恩返し」ができた

私の後に清水や井上が滑って、最終走者が終わるまでメダルに手が届くかどうか分からなかったため、受賞が決まった瞬間は嬉しかったものの、メダルの重みがよく分かりませんでした。

しかし、表彰台に上がった時、たくさんの報道陣がいるのに気づいて、日の丸が上がった時には〝もしかしたら、これはすごいことかもしれない〟と思い、ジワジワ達成感が出てきました。

ロシアの二人に負けたことは悔しく、もっと大きく滑ればよかったと反省しましたが、私にとっては銅メダルの価値より、オリンピックに出場できた感激の方が大きかったと思います。

試合後に私は、「長野五輪では、これより上をめざして頑張ります」と発言していますが、初出場のオリンピックでメダルをとった高揚感がそう言わせたのでしょう。黒岩監督は報知新聞紙上で、「僕は初挑戦のサラエボで失敗した。それを考えたら、初挑戦で三位の堀井はもう僕を越えている」とほめてくれました。

レースの翌日には、早朝から室蘭市役所に祝福の横断幕が掲げられ、市内で初の五輪メダリストとなった私は、「室蘭市スポーツ賞」に続いて、「市民賞」受賞の栄誉にも輝きました。

昼近く、私の実家に親類や町内会の人たちが集まって祝ってくれましたが、一番嬉しかったのは、肝機能障害で休職中だった父が、「治ったような気がする」と喜んでくれたこと。私はこの銅メダル受賞で、父にもう一つ恩返しできたような気がします。

銅メダル獲得で気を良くした私は、二週間後にオランダのヘーレンフェインで開催された、ワールド杯最終戦の五〇〇メートルに出場。二日目のレースで三六秒二五というリンク・レコードを出し、ダン・ジャンセンを抑えてこの種目で総合優勝をしました。

レース後の私は記者の質問に、「自分なりに成長したと思う。来年は一〇〇〇メートルでも、世界のトップと争えるようになりたい」と答えています。こうして一九九三～九四年のワールド杯総合順位は、五〇〇メートルで二位、一〇〇〇メートルで六位を達成。オリンピックも含めて、シーズン中のすべてのレースに出場して得た収穫は非常に大きかったと思います。

三　新王子製紙に入社し、上昇気流の「頂点」へ

◆清水宏保との「切磋琢磨」

こうして故郷に凱旋した私は、その年の春に専修大学を卒業し、苫小牧の新王子製紙に入社。引き続き実業団スポーツの世界で五輪をめざし、新たなスタートを切ることになりました。

同社に入った動機は、大学卒業後は両親のいる北海道でスケートを続けたいと思っていたからで、当時、全道で最高の施設を持っていたのは新王子製紙でした。

室内外のスケートリンクやローラースケート場、ウエート・トレーニング場、独身寮など、アイスホッケー部も盛んな同社の練習環境は全国一で、業務部原材料部に配属された私は、会社の仕事をこなしながら、スケート部の一員として練習に励むことになります。

同社には男女各四人の部員が在籍しており、そのうちリレハンメル五輪には、宮部保範、

山本宏美、山本真弓、小笠原みきの四人が代表として出場。女子五〇〇メートルで山本宏美が初の銅メダルを獲得したため、四月に私が新たに入社すると、〝銅メダルコンビ〟の誕生と言われました。

健康管理から練習メニューまで、スケート部員の自主的な判断を最大限に尊重し、〝滑りたい〟という気持ちを大切にする西本政司監督は、銅メダルコンビが同年代の部員に技術的、精神的に良い影響を与えることを期待していたようです。

このシーズン（一九九四～九五）は上り坂の調子を維持しながら、四年後の長野五輪をめざす最初の年で、五月の連休明けから本格的な練習に入りました。

外国人選手はオリンピックの翌年は手を抜いて、あまり戦績にこだわりませんが、私は初年度から勝つことを考えていたので、一二月に帯広で開催されたワールド杯の二日目に五〇〇メートルで優勝。その後、カルガリーやインツェル大会でも優勝して自信をつけました。

印象的だったのは、この頃から二年後輩の清水宏保（日大）がメキメキ実力をつけてきたことで、帯広大会の最終日の一八組で私と対決。アウトコースの清水は、得意のスタート・ダッシュによって一〇〇メートルを九秒九九で滑り、わずかに私をリード。しかし、第一カーブを鋭く抜けた私は、バックストレートから第二カーブにかけて大きな滑りで逆転し、三七秒一九で優勝しました。

ただし、前日はインコースの清水が三七秒六〇で優勝し、アウトコースだった私は〇・〇四秒差で三位に終わっています。

結局、このシーズンはワールド杯で四回優勝し、清水は六回優勝。まさにライバルとして勝利を分け合い、表彰台に並んで立つことが多くなります。私にとって清水は後輩というより、吸収したいことが山ほどある強敵の一人となり、お互いの合言葉は「切磋琢磨」となりました。

◆「堀井、いけるぞ。世界新だ！」

平成七年（一九九五）五月。

私は、その後の人生に決定的な影響を与えたあるプログラムに出会います。それは、米国人ポール・J・マイヤーが提案する成功に関する考え方で、日本ではPJMジャパンが総代理店としてさまざまな事業を展開しています。

このプログラムの特徴は、人は人生に対する「心構え」を変えることによって潜在能力を引きだし、成功を手中にすることができるというもので、そうした心構えは、「間を置いた反復練習」から生まれると説きます。

私はＰＪＭのプログラムを学ぶことによって、自分の夢は何なのか、それを実現するために何をしなければならないのかを明確に自覚し、自信と決意を持って行動することの大切さを知りました。

そして「できない」を「できる」、「分からない」を「理解する」、「時間がない」を「時間をつくる」方向に持っていき、何事にも前向きに挑戦する気持ちを学んだのです。するとと不思議なもので、かなりの自信と勇気を持てるようになり、シーズン（一九九五～九六）の開幕戦であるワールド杯ヘーレンフェイン大会五〇〇メートルで、いきなり連続優勝。一〇〇〇メートルでも一分一五秒〇九で二位に入りました。

大会が始まる前、長野五輪代表に内定していた私は、大いに自信を深め、リレハンメルでダン・ジャンセンに勝った縁起の良いリンクで、持てる力をすべて出して力走。シーズン初戦で、予想以上の好成績をあげることができたのです。

この勝利によって〝上昇気流〟に乗った私は、メデオ（カザフスタン）やインスブルック（オーストリア）、ローズビル（米国）などのワールド杯大会でも優勝し、まさに破竹の勢いで進撃を続けました。

その頂点となったのがカナダのカルガリーで開かれた最終戦で、初日の五〇〇メートルで二位に入った後、一〇〇〇メートルを滑った私は、一分一一秒六七の「世界新記録」をマークして優勝することができました。

この大会では、なんとしても五〇〇メートルで三六秒台を切りたいと思っていたので、願いを叶えるために頭を丸めてスキンヘッドで出場し、三五秒六七の自己ベスト記録で念願の総合の世界記録！　目標を達成した気持ちの余裕が一〇〇〇メートルの快記録につながったようです。

あのレースでは、最後の三〇〇メートルにかかった時、黒岩監督が絶妙のタイミングで、「堀井、いけるぞ。世界新だ！」と叫んでくれました。ふつう、スピードスケートのレース中は周囲の音は一切聞こえませんが、さすがは黒岩監督で、どのタイミングで言えば選手の耳に入るかを知っていたのでしょう。

それを聞いた私は、〝えっ、世界新？〟と思い、最後のカーブを全力で回りきってゴールしたのです。私が初めて一〇〇〇メートルで優勝したドイツ南部のインツェル大会（一九九五）でも、黒岩監督は「堀井、いけるぞ。優勝だ！」と言ってくれました。

本当に信頼している人からレース中に言われる一言の効果は、通常考えられている以上に大きいものがあるようです。

従来の一〇〇〇メートルでは一分一二秒が〝人類の壁〟だと言われており、それを更新した私の世界新はとんでもない記録だと評されました。私自身、滑走中にそんなタイムが出ているとは思わなかったので、ゴール後にタイムを見た時は非常に嬉しかったことを覚えています。当時のスポーツ紙は、ゴールの瞬間をこんなふうに記しています。

〝「ア・ニュー・ワールド・レコード！（世界新記録）」の場内放送をかき消すように、日本選手団から大歓声が沸き起こった。

史上初の一分一一秒台をマークした堀井は、「電光掲示板を見た時、時計が間違ってるんじゃないかと思った。こんなタイムが出るとは……」と、しばらくは驚くばかり。クールダウンを終え、リンクから上がってきてもまだ興奮していた。

堀井を専大時代から見てきた黒岩彰コーチは、「一〇〇〇メートルで世界新が出せるということは強くなった証拠。五〇〇、一〇〇〇の両方でいける」と、二年後の長野五輪をにらむ。これで清水と合わせて、男子スプリント陣に強力な二本柱ができあがった〟（「日刊スポーツ」一九九六・三・三付）

こうして、この年のワールド杯で八回優勝した私は、五〇〇メートルで総合優勝の栄誉に輝き、次のシーズンを気持ち良く迎えることができたのです。

1996年の全日本スプリント500mで総合優勝。

1996年、全日本スプリントの表彰式

1997年、夏の練習風景

レース前の休息

勝利を手中にしたとき（右は清水宏保）

◆「上昇気流」に乗って羽ばたく

平成八年（一九九六）は長野五輪の前年で、清水と私はこの年に活躍すれば、来年はテレビ・コマーシャルにも出ることになるだろうと話し合いました。そのために良い成績を出さなければならないし、自信を深めるためにも重要な年だと思っていました。

練習もうまくできたし、精神的にも非常に強いものを持てた私は、スケート人生のピークを迎え、試合前にきちんと調整すれば絶対に勝てるという自信があったと思います。

その結果、ハーマルで開催された世界スプリント選手権の二日目。五〇〇メートルと一〇〇〇メートルの両方で優勝したのを皮切りに、ワールド杯の全州（韓国）、伊香保（日本）、ミルウォーキー（米国）、インツェル大会などで、通算九回優勝。まさに〝向かうところ敵なし〟という感じで勝ち続けた私は、シーズン（一九九六〜九七）の総合順位で五〇〇メートル二位、一〇〇〇メートルで優勝という好成績を収めることができました。

そんな「絶好調」の私に人々の期待も高まりましたが、それをプレッシャーと感じることなく、重圧感を自信によって蹴散らしていました。

多くの試合で自分の勝利を信じていた私は、試合後に勝者に対するドーピング検査があるのを予測し、事前にトイレに行かないことにしました。レース前は誰でも緊張するので通常はトイレに行きますが、試合後のドーピング検査で尿を出すのに時間がかかります。

私はそれがイヤで、すぐ尿を出して宿舎に引き上げたかったので、トイレに行かず尿をためておいたのです。逆に言えば、それほどドーピング検査があること（＝勝利）を確信していたと言えるでしょう。

技術面では、前年の夏あたりから清水のアドバイスを参考にして、スタート時にラインに垂直だった左足の位置を斜めに置き換え、力の溜めをつくりました。そのことによって、身体を低く沈めた時に重心が安定し、スタートの飛び出しが強くなったことが良い結果を生みました。

とくに二日目の五〇〇メートルで、三六秒四三という国内最高記録で優勝した伊香保大会の印象は強く、このシーズンの私を象徴するような滑りでした。当時の新聞記事を引用することによって、「上昇気流」に乗って羽ばたく私をふりかえってみましょう。

〝堀井は、「熱く燃えるものが込み上げてくる」という言葉を口癖のように使う。昨季の一〇〇〇メートルの世界記録樹立や、ワールド杯五〇〇メートル総合優勝を決めた時の気持ちを表現したもので、奇抜なスキンヘッドにしたり、ひげを伸ばしたりしているのも、この気持ちを忘れないためだと言う。

この日の五〇〇メートル、最終組のスタートラインに立つ堀井に、その思いが込み上げてきた。前日優勝した身近なライバル清水が、朝になって突然の欠場。堀井の前の組までのトップは、長野五輪で最大のライバルとなるロシアのクレフシェニアである。「清水がいない分、外国勢には負けられないと思った。野球で言えば、九回裏の一打逆転の場面で打席に入ったような熱い気持ちだった」。この気持ちになった時の堀井はめっぽう強い。

最初の一〇〇メートルを九秒七五で駆け抜けたスタート、まったくロスのないカーブワーク、余裕さえ感じられた終盤の伸び、どれをとっても完璧で、堀井自身が「ゴールした瞬間に優勝を確信した。電光掲示板のタイムを確認するために振り返る必要はなかった」と言うレースは、「今季最高」と自ら絶賛する滑りだった。

こうして、長野五輪へ向けて〝絶好調〟の歩みを進めていた私には、技術的にも精神的にも「不安材料」はありませんでしたが、突然思いもよらない〝強敵〟が現れ、私の快進撃にストップをかけたのです。その強敵の名は「スラップスケート」。

この新型スケートとの苦闘がその後を大きく左右し、長野五輪での屈辱的敗北につながったのですが、その話は次章に譲りたいと思います。

第三章――乱気流の中で

一「まさか」の敗北、長野五輪

◆思わぬ〝強敵〟の出現

前述したように、長野五輪前々年のワールド杯一〇〇〇メートルで総合優勝し、五〇〇メートルでも二位の成績を収めた私は、掛け値なしのメダル候補でした。

ワールド杯最終戦のインツェル（ドイツ）大会で、一〇〇〇メートル優勝の栄誉に輝いた私は、そのシーズンの課題だった一〇〇〇メートルのノウハウが完璧にできあがったという実感を持てるようになりました。

しかし、ちょうどその頃、世界のスケート界では何十年に一度という「道具革命」が起きていました。長野五輪の一年ほど前から登場した「スラップスケート」の導入です。

この新型スケートは、選手が氷をキックする瞬間、かかと部分のエッジが靴から離れるため、より長時間、氷をとらえることができます。

従来のスケートは、踏み出したエッジの先端が氷に刺さってブレーキがかかりましたが、スラップスケートは、「かかと」から力が逃げるため、よけいなブレーキがかかりません。

そのため、ノーマルスケートに比べて、キックする力が効率的に氷に伝わり、推進力が大幅に向上。従来の一・一～一・二倍のスピードが出るので、五〇〇メートルで約一秒、一〇〇〇メートルでは四秒もタイムを縮めることが可能になりました。

そこで、いち早くこの情報に接したライバルたちは、さっそく〝魔法のスケート〟に履きかえ、新たな意欲を燃やして長野をめざす態勢に入ったのです。

当時、私が大きな大会で優勝したことのない選手だったら、これを千載一遇のチャンスととらえ、彼らと同じようにスラップを導入したかもしれません。しかし、ようやくノーマルスケートで世界の頂点に立ったという自信が、私の決断を鈍らせました。

従来の靴で何度も優勝したし、他の選手もスラップをすぐには履《は》きこなせないだろうと思いました。もちろん、コーチ陣にも相談しましたが、私はノーマルでいけるという自信があったので、「これでいくぞ！」と押し通してしまったのです。

後からふりかえれば、もう少し早くスラップの導入を決めていれば、長野の結果は違っていただろうと悔《く》やまれます。

ノーマルスケートで積み上げてきた実績があったので、そう簡単に負けるはずはないと思い、履き慣れた靴を捨てて慣れない靴を履く方が危険で、慣れたスケートで戦った方が有利だろうと考えたのです。

ゴルフの例で言えば、大きなゴルフコンペの直前になって、どんなに飛距離が出る優秀なクラブだからと言われても、使い慣れない新品のクラブを使う気になれますか。

プロ野球の選手が、日本シリーズの開幕前日に使い慣れたグラブやバットを盗まれ、新品の道具で試合に臨まなければならなくなったら、どんな気持ちがするでしょうか。

清水も私も、スラップスケートの導入には大変迷いました。この〝新兵器〟が出現する前に世界記録を出しているからこそ、従来のスケートに踏み止まらせようという力が働いたのです。

こうして、新しい道具という〝乱気流〟が、以後の私のスケート人生を大きく左右することになるのです。

◆〝乱気流〟の中で不意の〝失速〟

その後、スラップスケートによる「革命」は、想像していた以上のスピードで進行しました。平成九年（一九九七）のシーズンに入ると、かかとが浮き上がる新型スケートを履いたライバルたちが、次々に自己ベスト記録を更新し始めたのです。

まさに新兵器恐るべしで、一〇月にシーズン入りした私は、女子選手にもスイスイ抜かれる始末で、正直言って〝これはあぶないぞ〟と思いました。そこで一〇月二〇日頃、ようやく私はスラップスケートに切り替えることを決めたのです。

この決断には伏線があり、九月下旬に黒岩監督（全日本コーチ）が特製のスラップスケートをつくり、「気が変わったら履いてみろ」というメッセージを添えて、私にプレゼントしてくれました。決してスラップを押しつけない優しさを感じた私は、感激したことを覚えています。

こうして私はスラップに履き替えましたが、導入のタイミングが遅かったため、なかなか自分のものにできません。それどころか、突然、良い記録が出たかと思うとまったくダメな時もあり、本来の滑走の安定性まで失ってしまったのです。

当時の精神状態は、まるで乱気流の中に迷い込んだ飛行機のようで、スラップの利点も十分分からないまま、翌年の長野五輪に突っ込んでしまったというのが正直なところです。

実際、ノーマルとスラップでは、走りのテクニックがまるでちがいます。ノーマルスケートは、エッジにブレーキがかかることを前提としており、その違いを説明しましょう。私の滑走は、一歩ごとの「歩幅」が広いことが特徴で、直線もカーブも、他の選手より少ない「歩数」で回れるのが強みです。これに対して清水選手は、「歩幅」が狭く、「歩数」を多くすることによって早く滑ろうというタイプです。したがって、私はブレーキをかける回数が少なくてすみますが、ブレーキ回数が多い清水は、「歩数」の多さで補いました。そこで清水は、スラップに転向した時、「歩数」の多い利点を生かしましたが、私はその利点を十分生かすことができませんでした。そのため清水は私より後から導入したにもかかわらず、そのメリットを生かして、長野で好成績を出すことができたのです。

長野五輪で私が惨敗した原因は、このスラップスケートの導入が遅れ、それを自分のものにできなかったことに尽きると思います。

さらに言えば、一日一日、試合が近づくにつれて、私の気持ちの中に「マイナス思考」が出てきてしまったことが大きかった。私のスケート人生で最も大切にしてきたものは、試合前の自信です。それが揺らいでしまっては、どうしようもありません。

国際的な試合でメダルをとる選手は、みんな自信満々で試合に臨みますが、〝俺がやってやる〟という自信が、長野では欠落していたと言わざるをえません。そのことが、前年まで破竹の勢いで勝っていた私の、思ってもみない〝失速〟につながりました。

◆〝どの靴を履いて五輪に出るべきか〟

では、長野五輪直前の私はどんな精神状態だったのでしょうか。シーズン半ばの平成九年（一九九七）一一月二二日、カナダのカルガリーで開かれたワールド杯大会一〇〇〇メートルで、一分一〇秒六三の世界新記録を出した時の様子を、当時の新聞記事から再現してみましょう。

この時、同タイムでヤン・ボス（オランダ）と優勝を分け合い、長野の金メダルに向けて大きく前進したと見られた私は、日本代表を選考するための「全日本スプリント選手権」（一二月二〇〜二一日）を欠場し、高速リンクのカルガリーで単独合宿を行うことにしました。

優勝したにもかかわらず、そこまで精神的に追いつめられていた私は、「世界新」のアナウンスにも硬い表情を崩しませんでした。自分では世界記録とは思っていなかったので、手放しで喜べなかったのです。

私がこだわった記録は、米国のウォザースプーンが二週間前の記録会でマークした、一分一〇秒三四の未公認世界記録でした。

このカルガリー大会では、九六年に世界新を出した時の靴にスラップをつけたスケートを用意しましたが、実際のレースでは、国内で使用したスラップスケートを履いています。当時は、軽くて安定感のあるカーボン製の靴底も開発されていましたが、私はどの靴を履いて、オリンピックに出場すべきか決めかねていたのです。

長野五輪まであと七五日。不慣れなスラップスケートで世界記録を出した私に対して、カルガリー五輪日本代表の浜谷公宏さんは、次のようなコメントを寄せています。

〝この日の堀井選手の世界記録更新は、長野に向けてとても明るい材料です。堀井選手はスラップに変えたばかりですが、慣れてくればさらに良くなってくるでしょう。

短距離では、トップスピードでスラップの効果をどう生かすかが課題となりますが、この技術ばかりは実体験する中で見つけていくしかありません。外国勢はスラップによってノーマルでの自己最高記録を大幅に更新しています。

しかし、堀井選手は一〇〇〇メートルで世界記録を出しましたが、五〇〇メートルでは、ノーマルの自己最高記録（三五秒六七）を上回っていません。まだ、スラップスケートが完全に自分のものになっていない証拠ですが、だからこそ期待は大きい。

この後、カルガリーでの練習を希望する発言も、高速リンクでの練習の重要性が分かった上でのことでしょう。長野五輪ではハイレベルの争いが予想されますが、高速リンクでのテクニックを習得すれば必ず役に立つはずです〟（「日刊スポーツ」）

当時の私の課題がよく分かるコメントですが、新王子製紙時代の一番の理解者である山本雅彦コーチも、リンクサイドで観戦した印象を、次のように述べています。

〝堀井は上体が上下するなど、まだスラップが自分のものになっていない。でも、堀井の存在をアピールすることができたし、記録はまだ伸びるでしょう。オリンピックまでに、いかに氷にスラップを滑らせる技術を身につけるかが勝負です〟（「室蘭民報」）

◆長野五輪の結果にふさぎこむ

こうして私は、オリンピックの直前、山本コーチと一緒にカルガリーへ出かけました。今思えば、〝乱気流〟の中で視界を見失い、必要以上に焦っていたのでしょう。

この合宿で気持ちを整理し、世界記録を出したスケートを履いて、高速リンクでのテクニックやメンタル面に磨きをかけるべきだったのに、もっと自分に合ったスケートを履けば記録がアップするのではないかと考え、道具探しに月日を費やしてしまいました。

それもこれもスラップの導入が遅れたことが原因で、もう少し早く導入を決意していれば、さまざまな試行錯誤をする余裕もあったはずです。「スラップはなぜ早いのか」という素朴な疑問に基づき、さまざまな分析をもっと早くからやっていれば、完璧に使いこなせたかもしれません。単に靴を変えるだけでなく、それに応じた走法を身につけることもできたでしょう。

長年、二人三脚でやってきた山本コーチも、当初からスラップを使うべきだと考えていたはずですが、口には出しませんでした。それ以前のレースで〝上昇気流〟に乗っていた私に、そのアドバイスを受け入れる雰囲気はなかったからでしょう。

そして、平成一〇年（一九九八）二月七日。

第一八回冬季オリンピックは、長野市に七二の国と地域から約三五〇〇人が参加して開幕しました。

その二週間前、ベルリンで開催された「世界スプリント選手権」の五〇〇メートルで六位、二位の好成績を残した私は、〝しっかりやれば絶対いける！〟という自己暗示をかけて試合に臨みました。

自信がまったくなかったわけではなく、〝もしかしたらメダルに手が届くんじゃないか〟という期待はありましたが、以前のように常に勝てるという自信は消え失せ、いわゆる「一発屋」の気持ちになっていました。

号砲とともにスタートした五〇〇メートルでは、最初の一〇〇メートルを一本目は九秒

1997年、カルガリー合宿中のひととき

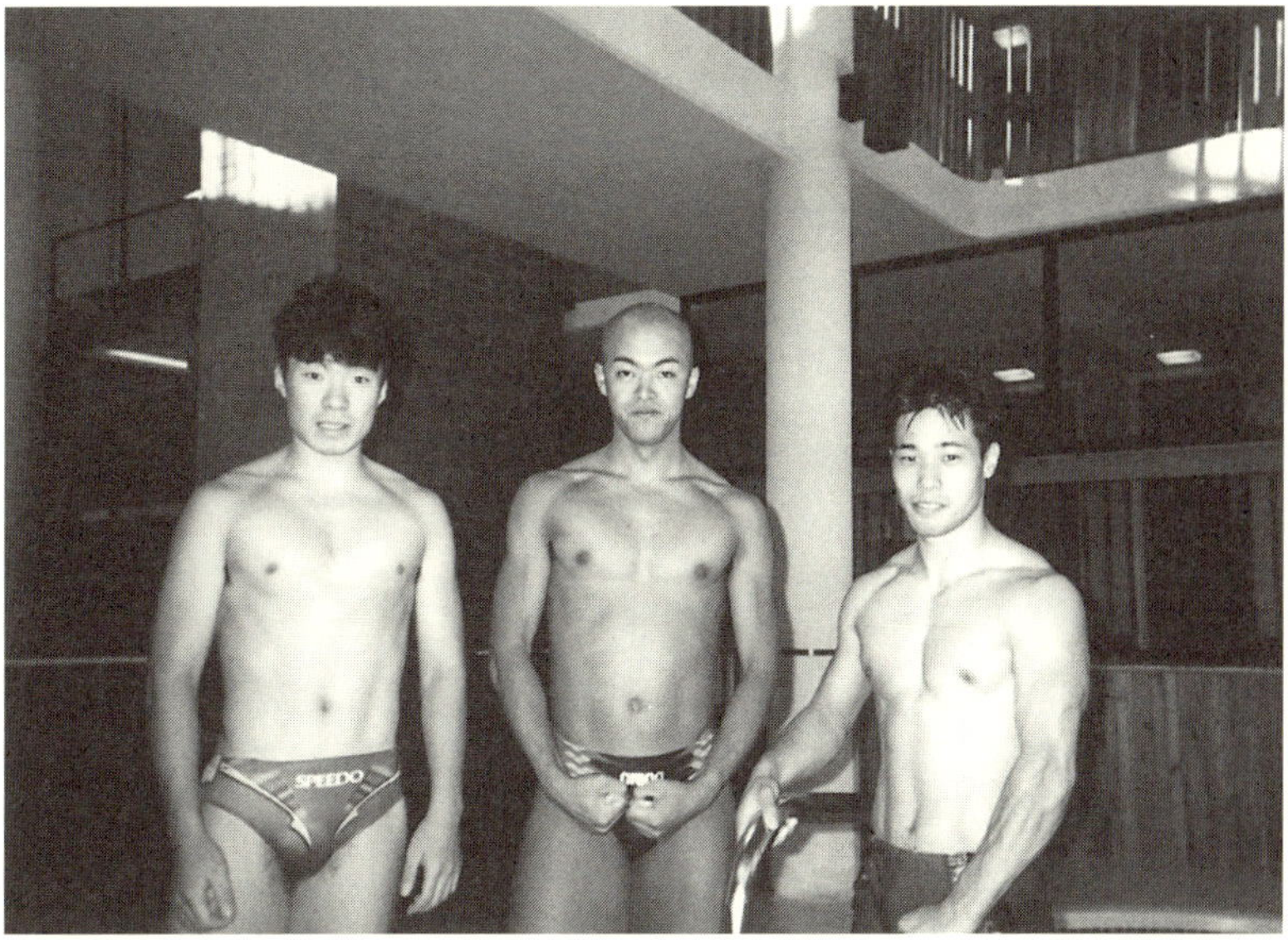

カルガリー1997年夏。左・武田豊樹、右・清水宏保

長野選手村にて。左・山影博明、中央・清水

八二、二本目は九秒七八という好タイムで通過しましたが、二本とも、後半に失速して総合で一三位。得意だった一〇〇〇メートルも一七位というみじめな結果に終わりました。

そして、五〇〇メートルの表彰台中央に立ったのは、帯広学園以来のライバルで後輩の清水宏保。私は辛うじて彼に、「よかったな」と言ってあげることができましたが、レース後のインタビューでは、「大声援の中で、期待に応えられなかったのが悔しい。でも、たくさんの子供たちに、五輪のすばらしさを伝えることができたと思う」とコメントするのがやっとでした。

長野五輪に参加した日本選手団は、五個の金メダルを含む一〇個のメダルを獲得して史上最高の成績をあげましたが、精神的ショックを受けた私は周囲に対して顔が上げられなくなりました。

みんなの期待を裏切ったという罪悪感から家にとじこもり、その後の遠征をすべてキャンセルして、ふさぎこんでしまったのです。その時、私の心の八割方を占めていたのは、満を持して戦った五輪で不本意な成績に終わったことの悔しさと、自分に対する許せない気持ちであり、後の二割は〝やっと終わった〟という解放感と、温泉にでも行きたいという気持ちでした。

そして、さまざまな〝雑音〟が外部から聞こえてくると、こんなに言われるなら、〝いって、スケートをやめようか〃という気持ちが湧いてきました。メダルとは関係なく、スケートは長野までという思いもあったからです。

それにしても、前年まであんなに調子が良かったのに、なぜここまで突き落とされなければならないのか。肝心の長野では、スラップスケートに翻弄されて技が乱れ、最も重視していた精神的安定まで失って負けてしまった。そんな自分が不甲斐なく、どこへ怒りをぶつけていいか分かりませんでした。

私は、自分の活躍が掲載された新聞や雑誌類のスクラップはかなり保存していますが、長野五輪の記事はほとんど見当たりません。それが、当時の私の精神状態を物語っていると言えるでしょう。

そんな私の救いになったのは、前年八月に結婚した妻・琴恵の温かい励ましと、ある小学校から届いた一通の手紙です。

その手紙には、「堀井選手はよく頑張りました」と書かれてあり、子供たちの手作りの「金メダル」が添えられていました。

私の人生の最初の「挫折」となった長野五輪は、こうして予想外の結果とともに幕を閉じたのです。

二　どん底からの「復活」

◆自らの退路を断ってプロ選手になる

〝悪夢〟のような長野五輪が終わり、放心状態に陥った私は、それからの一年有余を中途半端な気持ちで過ごします。ワールド杯の国内大会には参加しましたが、成績はふるわず、世界選手権にも出場しませんでした。それは〝どん底〟を這うような毎日で、自分のスケートのどこが悪いのか分からない、大学一、二年で経験したような〝出口なし〟の状況が続いたのです。

翌年の平成一一年（一九九九）三月。

私が所属していた新王子製紙は、経営合理化のため、野球部とアイスホッケー部の遠征を縮小する方針を打ち出しました。スピードスケート部は対象外でしたが、前年に日本スケート連盟の特別強化選手から強化選手に格下げされた私は、この年のシーズン（一九九九～二〇〇〇）に強化選手の枠からも外されます。

今後は、「強化費」などの支援が得られないことを知った私は、これ以上会社に迷惑をかけられないと思い、同社を退社して、フリーの立場でスケートを続けていこうと決意。四月二六日に苫小牧市内で記者会見を行い、同市を拠点に競技者生活を続けていくと発表しました。

黒のスーツ姿で会見に臨んだ私は、「長野五輪の前からフリーのプロ選手になることが夢でした。今後は、私をサポートしてくれるスポンサーを見つけたいと思います。不安がないと言えばウソになりますが、まだ自分の可能性を信じているので、次のソルトレークシティ五輪で長野で取れなかった金メダルをめざし、それを最後にスケートを脱ぐ覚悟です」と言いました。

〝どん底〟で喘《あえ》いでいた私は、とにかくもう一度復活したい、ここであきらめてはいけないという気持ちでいっぱいで、そのためには新しい環境が必要だと考え、自ら退路を断ってプロになる道を選んだのです。

その背景には、前年一月に長男が誕生し、家計を支えていかなければならない事情もありましたが、幸いにも新王子製紙を退社した翌月、ＰＪＭジャパンとスポンサー契約を結ぶことができました。

同社は、平成八年までＪリーグ・サッカーの鳥栖フューチャーズのメインスポンサーを務めていましたが、今回はソルトレークシティ五輪までの三年間、私と正社員契約を結んで、スケートに関わるすべての費用を負担してくれることになったのです。

ただし、同社のスケート部員は私だけで、コーチがいるわけでもなく、日本代表としてオリンピックに出場できないことが決まれば、その時点でスポンサー契約は打ち切られます。

まさに自分の足で稼ぎ、結果を出さなければならないのがプロですが、新王子製紙の山本コーチも相談に乗ってくれるし、トライアスロンや自転車競技に取り組んでいる友人からも、アドバイスをもらえることになりました。

◆勇気を与えてくれた山本コーチ

こうして私は、長野の敗北から立ち直り、心機一転、ソルトレークシティ五輪をめざしてプロ選手として活動を始めました。

外国のスケート選手は、オリンピックでメダルをとればすぐにプロになるケースが多く、清水も私も、お互い長野でメダルをとったら、プロに転向しようと話していました。そこで、金メダルをとった清水は、〝スケートをメジャースポーツにしたい〟という理由でNECに移籍し、フリー選手第一号となりました。

PJMジャパンの選手として

これからのスケート界を変えるには、やはりプロ化が必要で、選手は複数の企業にサポートしてもらわないと、プロ意識が育ちません。もちろん、プロとして活躍できるのは一握りの選手ですが、新記録を出すことがお金に代わるシステムがあれば、良い意味で本人を鼓舞するモティベーションになると思います。

マラソン競技では、よくアフリカの選手が活躍しますが、彼らは国の名誉以前の問題として、一家の生計を維持するために走っています。

そこが日本のアマチュア選手と違う点で、どの選手も一家の暮らしを背負っている顔つきをしているように感じます。

ところが、実業団所属の日本選手は、どんなに良い記録を出しても、同僚と変わらない給与にせつない思いをします。それでいて、遠征試合のために「海外出張手当」が支給されるわけではありません。こうした矛盾をかかえたまま、勝負に集中するのは無理があるのではないでしょうか。

さて、気を取り直して練習を始めたものの、その年のワールド杯大会でベルリン、ワルシャワ、インスブルックと転戦した私は、五〇〇メートル総合で一〇位、一〇〇〇メートル総合で一一位の成績に終わり、思うように記録を伸ばすことができませんでした。

そんな時、私の脳裏に浮かんだのは山本雅彦コーチです。

山本コーチは、北海道出身の中・長距離選手として、インスブルック五輪（一九七六）やレークプラシッド五輪（一九八〇）に出場したこともあり、新王子製紙時代の私の滑りをよく見ているので、きっと私の良い滑りを引き出してくれるにちがいない。そう考えた私は、平成一二年（二〇〇〇）四月、山本コーチの自宅へ電話をかけて、あらためて私のコーチをしていただけないかとお願いしたのです。

私と長野五輪をめざした山本さんは、オリンピック後にスケート部を離れ、同社の子会社で営業マンをしており、苫小牧市内で暮らしていました。そこへ突然、コーチの就任要請が飛び込んだため、奥さんや子供さんたちは猛反対したそうです。ＰＪＭジャパンの契約社員として私をサポートすることは、大企業社員の安定した生活を捨てることになるからです。

しかし、山本さんの心の中では、〝もう一度堀井と、長野の忘れ物の金メダルを取りに行こう〟という夢が次第にふくらみ、一ヶ月かけて家族を説得。今度こそ堀井を勝たせたいという思いで会社を辞め、コーチを引き受けてくれたのです。

この山本コーチの就任が私に勇気を与え、その後の練習を進める上で大きなプラスになったことは言うまでもありません。

◆ヘルシンキで「復活」の金メダル

この年の夏に初めて沖縄で合宿し、暖かい南の島で体力づくりをすることから練習を再開した私たちは、次のオリンピックでの勝利は、いかに早いスタートダッシュを身につけるかということと、最終コーナーで失速しないテクニックを身につけるかにかかっていることを確認しました。

そこでスタートダッシュでは、清水選手の「ロケットスタート」をビデオ映像で繰り返し見て、一〇〇メートルで〇秒三も差をつけるダッシュの秘密を研究。私より四歩も多い爆発的なスタートを取り入れようとしました。

またコーナーリングでは、長野五輪の最終コーナーで身体を十分倒せず、スピードに乗れないまま失速したことを反省し、スピードを落とさないでコーナーを回る練習に取り組みました。

それは、目前にフェンスが迫ってくる恐怖との闘いで、遠心力に抗して、どれだけ身体を傾けられるかにかかっています。

そこで、救命胴衣に登山用ロープをつなげて引っ張ってもらい、身体を可能なかぎり外側に倒す練習を行って、恐怖を克服しようとしました。

また、体力面ではトライアスロンの選手（北海道・千歳に住む久保埜雅裕氏）に自転車を教えてもらい、〝馬の脚〟を目標に太ももの内側を鍛えるなど、強靭な肉体を作ることに専念しました。

一〇〇分の一秒を争うスピードスケートは、ゴール前二〇センチの〝鼻の差〟で勝敗が決まる繊細なスポーツです。

それだけに身体とスケートのマッチングが大切で、ハード面の整備はもちろん、メンタル面では自分の能力を信じて、良い意味の「勘違い」や自信を持つことが勝利の重要な条件となります。

以前からイメージ・トレーニングを重視していた私は、ソルトレーク五輪が間近に迫った頃、金メダルをとる「架空実況放送」を吹き込んだMDを常時ヘッドフォンで聞き、モティベーションを高める工夫をしました。五〇〇メートルの自己ベスト記録、三四秒九〇を出した時のビデオ映像に合わせて、架空の実況放送をしてくれたのはNHKの嶋村俊治アナとTBSの清水大輔アナです。

五〇秒間の映像には、「今、スタートです。堀井は一〇〇メートルを二八歩、九秒四〇で通過。すごいスタートだ。最終コーナーも、上下のぶれがありません。タイムは三四秒二一。清水の世界記録を塗り替えました。堀井、金メダル！ 今、ウイニング・ランで、日の丸を振っています」などという、迫力のあるアナウンスを吹き込んでくれました。

長い間スケートに打ち込んできた私には、「すべての目標は、イメージがあってこそ達成される。イメージが上を向いているからこそ、努力もできる」という信念があります。そこで、オリンピックで金メダルをとることを目標に、架空実況MDを作ったのです。

こうして迎えた平成一三年（二〇〇一）一月。

私は、これまでの競技生活の中で、一番嬉しい勝利を勝ち取ることができました。ヘルシンキ（フィンランド）で行われたワールド杯大会初日の五〇〇メートルで、三六秒七七のタイムを出した私は、九七年一一月のカルガリー大会で世界新を出して以来、三年ぶりに優勝したのです。

このシーズンの冒頭、インツェルで開催された世界スプリント選手権五〇〇メートルで三位と六位に入賞したので、〝これはいけるぞ〟というノリがありましたが、心のどこかに〝俺は本当にもう一度勝てるのか？〟という気持ちがあったことは否定できません。

ヘルシンキの試合当日は天候が悪く、私のコンディションも良いとは言えませんでしたが、山本コーチと積み上げてきた小さな成功を踏まえて、自分を盛り上げ、前向きの気持ちで臨んだことが勝因となりました。

私にとってこの日の勝利は、長野五輪の屈辱を初めて乗り越えた「復活」の金メダルとなったのです。

三　ラスト・ラン、そして現役引退へ

◆「黒」を「白」に変えるオセロゲームのように……

ソルトレークシティ五輪の前年、二九歳になった私はヘルシンキで「復活」の手応えをつかみ、気持ちは次第に高揚していきました。

しかし、張りきって練習に励んだわりには記録が伸びず、シーズンのワールド杯五〇〇メートル総合で四位に食い込んだものの、一〇〇〇メートル総合では二三位に終わります。今思えば、〝どん底〟から這い上がってようやく光が見えてきたものの、私以上にライバルが力をつけていたのでしょう。

それでも私は決してあきらめず、こんなことを常に広言して、「復活」にかける自分の気持ちを奮い立たせていました。

〝人生には、オセロゲームのようなところがある。黒優位の盤面も、最後の一手で真っ白に変えることができるように……〟

明けて、平成一四年（二〇〇二）。

私にとって最後のオリンピック・イヤーとなったこの年、私はワールド杯ヘーレンフェイン大会と、世界スプリント選手権ハーマル大会に出場するため、一月四日に成田空港から出発しました。

翌日のスポーツ紙によれば、この日の私に迷いは見られず、表情と言葉は確信に満ちています。そして、年末年始は家族サービスもそこそこに滑走時のビデオを分析し、修正すべきポイントを探したと書かれています。

〝氷上を滑る時は、歩く時と同様、踏み出した足と同じ側の腕を、斜め後方に強く引く。この時の腕の振りは、スピードに大きく影響するが、ビデオに映った私の腕は左右に振り出されていた。これは力をロスする無駄のあるフォームだと気づき、地元・苫小牧のリンクに直行して、前後に振るように修正して最高の感触をつかんだ〟

こうした微調整を本番直前まで行いながら、私は米国ユタ州のソルトレークシティで開かれた第一九回冬季オリンピックに参加し、二月一一、一二日の五〇〇メートル、同一六日の一〇〇〇メートル走に出場したのです。

◆完全燃焼できた満足感

そして、五〇〇メートルの初日。五輪オーバルリンクに立った私は、金メダルをとった選手と同走しました。

自分としては悪くない滑りだったので、最終コーナーでバランスを崩さず、コーンさえ蹴飛ばしていなければ、長野以上の結果が出たでしょう。成績は一五位にとどまりましたが、新しい自分のスケートに挑戦できたと思います。

二日目のレースは、ロシアのクレフシェニアと同走しましたが、これも、自分としては最高のパフォーマンスができました。結果はやはり一五位で、タイムも良くありませんでしたが、持てる力をすべて出しきって走りました。自分でも納得できる悔いのないレースだったので、完全燃焼できた満足感があります。

技術的にも、スタートダッシュや最終コーナーの回り方など、自分の課題はクリアしたので、ライバルとの戦いには負けましたが不思議なほど悔いはありません。共に最後まで戦った山本コーチも、「結果は出なかったが、やるべきことはすべてやったな」と、慰めてくれました。

前にも書きましたが、ソルトレークシティ五輪の敗因は、私が長野の敗北から立ち直り、「復活」を実感できるまでの三年間に、ライバルたちがさらに力をつけていたためです。

私の実力は、一度〝どん底〟まで落ちて浮上したため、急角度でアップしましたが、先行するライバルには追いつけなかったのです。最後まで勝利を信じていましたが、三年目までに順位を上げることができなかったのが、その証拠だと思います。

オリンピックで勝つには、もう少し早く復活の上昇気流に乗っていなければならず、私がそのことに時間をとられている間、世界のスケート界は待っていてくれなかったというのが実感です。

こうしてソルトレークは終わり、自他共に期待していたような結果が出せませんでした。しかし、長野五輪後にはスケートをやめたいとまで思いましたが、ソルトレークシティ後は、「またやってやろう。もう一度、五輪のスタートラインに立つんだ」という気持ちが湧いてきました。

この違いは大変重要で、ソルトレークシティに向かう過程でどうやって〝どん底〟から立ち直ったらいいか、スランプから復活する自分なりの方法を見つけられたからでしょう。

スランプというのは、何が悪くて調子が悪いのか、その原因がはっきり分からない時に陥るものです。その時に決してあきらめることなく、何が悪いのかを徹底的に究明し、自分の短所を克服する練習をやり続けること。そうすれば、その努力が自信となって必ずスランプから脱出できる！

その方法論を身につけた私は、今後もスケートを続ければ必ずもう一回勝てるという気持ちになれたのだと思います。

◆うれしかった清水選手のオマージュ

ソルトレーク後、オスロ、インツェルのワールド杯大会を転戦し、ワールド杯通算で五〇〇メートル・一五勝、一〇〇〇メートル・七勝の戦績を残した私は、三月末に帰国しました。

そして、遠征中から芽生えていた「現役引退」の決意を公表するため、平成一四年（二〇〇二）四月二一日、シェラトンホテル札幌で記者会見を行いました。当日、ＰＪＭジャパンの有田平会長や山本雅彦コーチと共に、黒のスーツと愛用のベレー帽姿で席についた私は、一言一言かみしめるように現役引退の理由を述べました。

「引退にはかなり葛藤があり、ワールド杯から帰国直後は、もう一度、トリノ五輪のスタートラインに立つんだという気持ちが強かった。自分からスケートをとったら何も残らないという恐怖心もあり、あと四年間、スケートを続ける方が楽なんじゃないかとも思いました。

しかし、トリノでメダルを取るよりも、新たな夢に突き進むモティベーションの方が高くなりました。スケートで培《つちか》ったことや学んだことを生かせば何だって通用するし、挑戦できるという自信ができたので引退を決意したのです」

今から振り返っても、この時の言葉にウソはありません。

同席した有田会長は、私一人が部員だったスケート部を「廃部」ではなく「休部」とし、今後も有望選手が入部した場合は活動を再開すると表明。チャレンジ精神あふれる選手が現れた場合は、私と山本コーチがサポートすることになりました。

その意味で、私はスケート界から完全にリタイアしたわけではありませんが、現役引退後は、苫小牧市内でＰＪＭジャパンの代理店経営者となり、営業活動を開始。今まで自分が使用してきた能力開発プログラムやイメージ・トレーニングなどの効用を、講演活動などを通じて多くの人々に伝えたいと思います。

オリンピックの後どうするかということは、オスロやインツェル大会で転戦している間、その後、競輪に転向した武田豊樹選手とよく話し合いました。武田選手のように、別のプロスポーツに転身する選択肢もなかったわけではありませんが、三〇歳という年齢を考えた時、これ以上、スポーツ選手を続ける辛さがあったことも事実で、もっと別の世界で活躍したいという気持ちが強くなりました。

ソルトレークシティには、私の両親と妻・琴恵、それに二人の子供を呼び、試合を観戦してもらった後で、引退の意志を告げました。母はポロポロ涙をこぼしながら、「よくやったね」と言い、いつも前向きに物を考える妻は、「これからは、冬のシーズンも一緒にいられるね」と明るく笑ってくれました。

引退会見の前、白樺学園の恩師の坂井監督と川原コーチに電話してその旨を告げると、監督は、「正直言って、堀井がここまでやるとは思っていなかった。お疲れさん」と言い、川原コーチも、「もうやり残したことはないのか。お疲れさん」と、優しい言葉をかけてくれました。

また、黒岩監督は、「もう十分やった。解放されてもいいんじゃないか」と言い、ライバルの清水選手は、電話で「まだ、やれますよ。やめないでください」と、最高のオマージュ（賛辞）を贈ってくれました。

◆〝どん底〟から這いあがった自分が好き

私のスケート人生をふりかえれば、中学や高校のインターハイで優勝すること自体夢のような話で、そうなったらいいなと思うことがどんどん実現していきました。

その後はいくつも挫折を味わいましたが、あきらめずに一生懸命練習した結果、世界記録まで出してしまいました。

長嶋茂雄さんではないけれど、私にとってスケートは人生そのものであり、辛いこともたくさんありましたが、毎日が素晴らしい時間の連続でした。今後はどんなに周囲に反対されても、自分の目標に向かって突き進むモティベーションの重要性を、若者たちに伝えたいと思います。

もうひとつ強調したいのは、私は連戦連勝で勝ち続けていた頃の自分より、長野で惨敗した後、〝どん底〟からなんとか這いあがろうと努力した自分の方が好きだということ。少しでも早く滑りたいという夢を持ちながら、どうしたら他の選手に追いつけるか、どうしたら早く滑れるかということを研究し、向上心を失わずに努力することが楽しかったからです。

私の目標は明確だったし、そのために何をしなければならないかということも明確でした。多くの人が単調だと嫌う反復練習が楽しかったのもそのためで、一周一周、考えながら走ると楽しくなってきたものです。

また、調子が落ちて記録が出なくなった時は、調子が良かった時と比べて嘆くのではなく、そんな自分を素直に受け入れ、もう一度目標を掲げ直すこと。そうすれば、新たな目標に向かって努力することが生きがいになってくるでしょう。

〝物は考えようだ〟という言葉がありますが、もしも私が長野五輪でメダルをとっていたら、連戦連勝が続くことによって慢心した私は、鼻持ちならない人間になっていたかもしれません。

その意味で、弱冠二六歳で屈辱的な敗北を味わい、お灸を据えられたのは、むしろ良かったのではないでしょうか。

あの敗北があったからこそ、私は本当の〝人生の勝利〟に向かって、再出発できたような気がします。

それにしても、私の引退会見にあれほど多くの報道陣が来てくれたことは、選手冥利《みょうり》に尽きると思いました。

無名のスケート少年が、素晴らしい指導者たちに出会い、力を引き上げてもらうことによって世界の檜《ひのき》舞台で活躍し、引退の記者会見を開くところまで行ったのです。

その席上で、記者たちの質問に答えている間、私は長い間、夢を見ていたような感じに襲われました。そして、恩師たちの餞《はなむけ》の言葉が伝えられると、初めて夢から醒《さ》めたような感じにとらわれ、思わず涙ぐんでしまいました。〝俺の見ていた夢は、決して夢じゃなかった〟〝良い夢、見たな〟という思いが込み上げてきたからです。

今、私は幸福です。三〇歳で大きな夢から醒め、まったく新しい人生を歩むことができるからです。たしかにスケートの現役選手引退は大きな節目ですが、私の人生の〝終わりなき挑戦〟は、始まったばかりだと言えるでしょう。

第四章——着地、そして新たな離陸へ

一　私を支えてくれた心強い味方

◆約一〇〇〇通の感謝状を郵送

こうして昨年（平成一四年）四月、私のスケート人生は大きな区切りを迎え、幼い頃からの夢だった三度のオリンピック出場も、今では過去の出来事になりました。

ふりかえれば、一日一日と試合が近づいて来る時の胸の鼓動や、いざ、スタートラインに立った時の総毛立つような緊張はたとえようもなく素晴らしく、オリンピックほど魅力的な場所はありませんでした。

あの快感を味わうことはもうできませんが、今はセールスマンとして多くの方々に接する中で、初めてお会いするドキドキ感を大切にしながら暮らしています。

引退の記者会見から一ヶ月ほど経って、私は、選手時代に応援してくれた多くの皆さんに約一〇〇〇通の感謝状を送りました。

印刷した文書を一枚ずつ封筒に入れて封をし、宛名《あてな》を貼る作業が必要だったので、妻にも手伝ってもらいましたが、慣れてくると次第にスピードアップ。スケートと同じで、どうしたらタイムを縮められるか考えながら進めると、こんな単調な作業でもおもしろくなるものです。

この感謝状を持って室蘭市長にお礼に伺うと、たまたま道南五市（函館、伊達、室蘭、登別、苫小牧）の市長さんが集まっておられ、これまでのお礼と今後の仕事について報告することになりました。

そういう場で話すことはあまりなかったので、かなり緊張しましたが、今後はスケートやスポーツ界に限らず、もっと広い世界で活動していきたいと思っています。

スポーツ選手はもちろんですが、ビジネスマンや主婦、学生、子供まで、どんな年齢や分野の人でも、自分自身を向上させたくないと思っている人はいないでしょう。

今後の私は、すべての人々のニーズに合った商品を提供させていただき、自分の夢を実現したお客さまに喜んでいただくことを励みにしたいと思います。

◆妻との出会いと子どもたち

今年（平成一五年）の年明けは、初めて家族と一緒にスケート選手ではないお正月を過ごしました。室蘭市の実家へ出かけ、大晦日《おおみそか》から正月二日まで、両親と家族四人の水入らずで過ごすことができたのです。

母は孫の顔を見るだけで満足で、いつものように三つ葉や牛蒡《ごぼう》、人参などを入れたお雑煮をつくってくれ、父は五歳になった長男の勇斗と電車ごっこをして遊んでくれました。

勇斗は性格が優しく、テレビアニメでも悲しい場面になると泣き出してしまいますが、私の幼少時と同じく乗り物が大好きで、将来は世界の地理や鉄道に詳しくなり、さまざまな国を見て歩く生活をするのではないかと夢想しています。

勇斗とは対照的に、三歳の長女・彩那はやんちゃで活発、おてんばな性格です。いずれは、女の子らしい優しさを持つ娘に育ってほしいと思っています。

元々、私は子供が大好きで、早い時期に結婚したいと思っていましたが、妻・琴恵との出会いには運命的なものを感じます。

長野五輪を二年後に控えた平成八年九月、たまたま支笏湖へ遊びに行った私は、駐車場で会った彼女に一目ぼれし、グループ交際を始めました。苫小牧市在住の彼女は、明るい性格で感覚が鋭く、近々起こる出来事を予測できる特技（？）を持っています。

この年の海外遠征は九七日間に達し、私たちはその間、毎晩のように国際電話で話したので、電話料金は安い時間帯を利用しても軽く一〇〇万円を超えました。当時、看護師の国家試験をめざして、一生懸命勉強していた妻と私はお互いに励まし合いましたが、それが国際大会での好成績に結びついたようです。

翌年三月のワールド杯インツェル大会で、ワールド杯通算二〇勝を果たし、一〇〇〇メートルで総合優勝した私は、記者会見の席上で「この勝利を、僕を一番応援してくれている人にささげたい」と言いました。

そして、彼女にプレゼントされた手編みの手袋を目立つところに置き、テレビ画面に映るようにしました。彼女への気持ちを表すためです。

やがて妻は苫小牧の看護学校を卒業し、市内の病院に勤務しましたが、遠征から帰国して、お互いの気持ちを確かめ合った私たちは五月二三日に入籍し、札幌市内の教会で結婚式をあげました。

私の両親は、〝スケートの現役選手でいる間は結婚するな〟と言っていましたが、私たちはその反対を押し切って結婚し、翌年の長野五輪の直前に長男・勇斗が誕生。女房は仕

ソルトレイク五輪の前、2001年夏。家族と一緒に

家族の支えをうけて滑走

事をやめて専業主婦となり、家族の生活を支えてくれています。

考えてみれば、スラップスケートの登場にショックを受け、初めての挫折に悩んだ頃、私を精神的に支えてくれたのは家族でした。

長野五輪を前にして身重の妻を残し、カルガリーで単独合宿を張った私は、出発前に子供の名前やベビー用品、おもちゃなどを準備し、心の底から、「今度の五輪は家族のため、子供のために滑りたい」と思いました。

そして欧州遠征から帰国し、長野に入る直前に妻の実家で過ごすことができたので、生後一ヶ月の勇斗と初めて対面し、お風呂に入れてやりました。その時の感想は、〝僕が生まれた時の顔に似ている！〟の一言です。

こうして勇斗の写真をウェアの左胸に入れた私は、日本スケート界で唯一の妻帯者として長野五輪に臨んだのです。

残念ながら、私たち夫婦はスケジュールの都合で新婚旅行には行けませんでしたが、長野五輪の後、カナダのカルガリー合宿へ一緒に行き、カナディアン・ロッキーの大自然に触れることができたのは良い思い出です。

私のスケート人生にとって最も心強い味方は、妻や子供たちだったと言えるでしょう。

二　風を切るスピードに魅かれて

◆見かけ以上に繊細なスポーツ

それにしても、私が小学四年生の時から二〇年以上も熱中してきたスピードスケートは、一体どういう世界だったのか。その醍醐味やおもしろさはどこにあったのかと、引退後に冷静に考えることがあります。

同じウインタースポーツでも、スケートがスキーと違うのは「自力」で競う要素が強いことで、一・二～一・六ミリ幅の二本のエッジに全体重を乗せ、最速の記録に挑戦するのが魅力です。

滑走中は自力のみでスピードを生み出し、力と技を極限まで競うこの競技では、仮に「力」が一〇〇あっても、「技」が五〇しかなければ、五〇のスピードしか出せません。

反対に力が五〇でも技が一〇〇あれば、予想以上の記録を出せるのがおもしろいところで、力より技術が優位を占めるスポーツなのです。そのため、試合の前にやらなければならないことや、工夫しなければならないことが非常に多く、エッジのキレや身体の重心、傾き、コーナーワークなど、ハード面やソフト面のチェックリストが多いことも特徴です。

また、個々のリンクの具合によってコンディションが微妙に変わるので、レース直前にテストしてみなければ、結果の予測がつきません。見かけ以上に繊細なスポーツであることに驚く方もいるかもしれませんが、確実に言えるのは、レース当日の体調が悪ければ、決して良い記録は出ないということです。

私にも経験がありますが、熱があったり頭痛がしたり、おなかが痛かったりする時は好成績は望めません。時差にも影響されるので、一ヶ月〜二週間ほど前から現地で調整して試合に臨まないと、良い結果が出ないのがふつうです。その意味でアウェイは不利、ホームが絶対有利なのがスピードスケートです。

◆最後は集中力の勝負

私にとって最後のオリンピックとなった、ソルトレークシティ五輪の五〇〇メートル記録は三五秒〇二で、これまでの自己最高記録は三四秒九〇。清水選手のベストタイムは三四秒三二だったと思いますが、一〇〇分の一秒を争うスピードは時速六〇〜七〇キロに相当し、陸上競技の一〇〇メートルや二〇〇メートルのスピードに近いと言えば、お分かりいただけるでしょうか。

試合中は一瞬たりとも気が抜けず、滑走中に〝しまった、抜かれた〟と感じたら、その瞬間、五、六人に追い抜かれたと思った方がいい。それまで積み上げてきた最高のパフォーマンスを発揮しないと負ける、厳しい世界なのです。

また、一周四〇〇メートルのリンクでは、いつ何が起こるか分かりません。不測の事態に備えるため、すべての選手がレース直前まで練習し、技術や体力のレベルを高めていきますが、最後は集中力の勝負で、メンタル面の強さが好成績につながります。

とくにオリンピックのような大試合が続くと、選手の緊張感の高まりは大変なもので、一〇〇分の一秒差に一〇人が入ってもおかしくないほど集中します。集中法は選手によって異なりますが、私の場合は、試合の一週間ほど前に九〇パーセント程度の力を出して身体を追い込み、それからゆっくり休んで、再び三日前に九〇パーセント程度までスピードアップして調整していました。

試合前の食事ではスパゲティなどの炭水化物を多くとり、消化の良いうどんや肉類もよく食べ、体重が増えないようにコントロール。良質なアミノ酸を含む納豆やアサリなどを食べ、エネルギー・バランスに異常なほど気を遣《つか》ったものです。

◆時速七五キロで全力疾走する恐怖

スピードスケートは、常に記録との闘いが中心となりますが、二人ずつで滑る競技なので、誰と同走するかが勝敗に影響する場合もあります。組み合わせによっては、同走者が直接の敵ではないことも多いのですが、相手が弱いと長距離になればなるほど不利です。かと言って、一人で滑るルールに変更したら観客はおもしろくないし、競争心が出ないので良いタイムも生まれないでしょう。選手の立場で言えば、どんな相手にせよ同走者がいる方がいいと思います。独走するのは心細いものですから。

毎年行われる国民体育大会では八人が横一列に並び、陸上競技の一〇〇メートルや二〇〇メートルのようなオープンコースで滑りますが、それでは他の選手に邪魔され、思うように走れません。五〇〇メートルの勝敗は、そんなデリケートな三〇数秒間で決まってしまうのです。

スピードスケートの選手はさまざまな練習メニューをこなしますが、私はその中でも一番きついトレーニングが好きでした。

それは、氷上で時速六〇キロ、自転車で時速七五キロ以上の全力疾走を行うもので、一日三～四本が限度です。最高のパワーが要求されるこの練習では、心拍数が一八〇～一九〇まで上昇し、血中の乳酸値も急速に上昇して呼吸が苦しくなり、その値が二〇ミリモルを超えると一般の人はショック死すると言われています。

こういうトレーニングは私にとっても恐怖で、朝ご飯を食べて練習会場へ行く間じゅう緊張し、〝ああ、いやだな〟と思います。でも、リンクに着いてウオーミング・アップを始めると、そういう恐怖心は消え、〝これが終われば、最高の充実感が得られるぞ〟と自分に言い聞かせて始めるのです。

そんな辛い練習を終わった瞬間、ものすごい充実感と喜びが身内からこみあげ、〝オレは絶対早くなる！〟という自信が込みあげてきます。この練習をやれば早くなるという、期待感が強いせいかもしれません。

それでもなお、人は自分の能力を一〇〇パーセント出すことができません。爆発的な潜在力をどう引きだし、自分の人生に役立てたらいいのか。社会人二年目に私が出会ったPJMのプログラムは、それを知るための大きな手がかりとなりました。

◆「心構え」が人生を左右する

ここで少し紙幅を割き、PJMの「SMIプログラム」のあらましを述べておきたいと思います。

第二章にも書きましたが、米国人ポール・J・マイヤー氏は、一九二八年にカリフォルニア州サンマテオに生まれ、少年時代から抜群のアイデアと実行力の持ち主として知られました。

一六歳の時にプルーンの摘《っ》み取り作業で新記録を打ち立て、一九四六年にキャンベル・ハイスクールを優秀な成績で卒業。その後、兵役を終えてサンホセ州立大学に入学しましたが、個性を無視するマスプロ教育に反発して三ヶ月で退学します。

そして、保険のセールスマンとして社会に第一歩を踏み出した彼は、それまでの販売記録を次々に塗り替え、早くも一九五一年に一〇〇万ドル・ラウンドテーブルの最年少会員となり、二七歳で億万長者となりました。

一九六〇年、マイヤー氏は自ら創出したアイデアによって、成功理論を体系化した「ＳＭＩ」（サクセス・モティベーション・インスティテュート）を創設。その成功哲学は現代の最も信頼できる自己啓発プログラムとして、日本語を含む二四ヶ国語に翻訳され、世界八八ヶ国以上の人々に活用されて高い評価を得ています。

マイヤー氏によれば、人の一生を左右する決定的な要因は、その人の考え方の基礎にある「心構え」にあります。人が無限の潜在能力を発揮し、自分の夢を実現できるかどうかは「心構え」の在り方によって決まると言うのです。

ふりかえってみれば、私たちは特定の環境や条件に縛られた存在です。まだ物心もつかない幼年時代から、自分ではコントロールできない生育環境に影響された行動が「習慣」となり、人生への基本的な心構えを形成します。そして、特定の枠に縛られたまま大人になり、その考えを変えることなく一生を過ごしてしまいます。

私たちは、自分や社会に対して抱く既成概念や消極的なイメージに基づいて行動し、たえず変化する環境への適切な対応を怠《おこた》り、変化を嫌う傾向があるようです。

しかし、〝人は本来、自由に豊かに、何でも選択することができ、自分のものにするための能力を無限に持ち合わせている〟と、マイヤー氏は主張します。そして、〝もしも限界があるとすれば、それは自分の心の中にある限界にすぎない〟と言うのです。

◆「心構え」によるモティベーション

こうした認識に基づいてマイヤー氏が提唱するのは、〝人は変わることができ、人間の特権として、自己の成功を高らかに宣言することができる〟という哲学です。

ポール・J・マイヤーにとって、「成功」とは何なのか?

成功とは、他人と比較してその人より良くなることではありません。ある人が現在のステージから、さらに一段高いステージへ登ることを意味します。言い換えれば、成功とは自分自身で設定した価値ある目標を、段階的に実現することに他ならないのです。

つまり、自分の潜在能力を段階的に開発し、価値ある目標に向かって行動することと言えるでしょう。

マイヤー氏のこうした人生哲学は、オリンピックの金メダルをめざしてひたすら練習に励んでいた私の心をとらえ、大いに勇気を与えてくれました。

どんなスポーツも、最終的には「自己との闘い」に尽きると言われますが、とくにスピードスケートは、記録への孤独な挑戦が中心となります。他人との競争より、〃自己への挑戦〃を重視するSMIプログラムが私を魅了したのは、そのためだったかもしれません。

自分の潜在能力を段階的に開発して夢を実現するには、まず行動力を高めなければなりません。それには「モティベーション」(動機付け)が必要ですが、ふつうは次の二つのモティベーションが使われます。

①「恐怖」によるモティベーション

~これは「罰」の効果に基づくもので、ごく初期にしか効果を発揮しません。人はそれが繰り返されるうちに、恐怖の圧力を無視するかそれとも逃避するか、どちらかの方法を覚えてしまうでしょう。

②「報酬」によるモティベーション

~たとえば、セールスの成果に対する報酬を「特権」として与えられると、人はそれを当然の権利と思うようになり、報酬をだんだん吊り上げなければならなくなります。

これらの方法には、一時的な効果しかないと看破したマイヤー氏は、永続的な効果が期待できる唯一のモティベーションは、「心構えを変える」ことだと説きます。「心構え」によるモティベーションは、「恐怖」や「報酬」などの外部からの刺激に頼らず、自分自身を永続的に変化させる偉大な成果をもたらします。

心構えとは、ある人が誕生してから現在まで、その人が選択してきた考え方や習慣の集合体ですが、あらかじめ計画して積極的に変化を求め、〝間を置いた反復行動〟を実行すれば変えることができるのです。

〝人が、もしも自分の潜在能力を永続的に発揮するため、強くモティベートされたいと心の底から望むなら、その人はまず心構えを根底から変えることを受け入れ、自分を変えようという意志をもたなければならない〟

これがマイヤー氏の成功哲学の基本で、「間を置いた反復」（Spaced Repetition）が、心構えを変えるために最も効果的な学習法だと言われます。

俗に〝雨垂れ、石を穿《うが》つ〟と言いますが、人の考え方も同じで、ある考えを理解し、本当に咀嚼《そしゃく》して役立てるには、何度も繰り返して聞く必要があります。実際に心理学者たちは、新しい考え方というのは、六回繰り返すことによって、初めてその六二パーセントを記憶することができると言っています。

そこでSMIのプログラムでは、重要事項を簡単に反復できるようにカセットテープやCD-ROMを用い、自分自身の考え方や行動をチェックして、目標に到達させるためのさまざまな手法を用意しています。

私自身、これを毎日利用することによって、それまで自分を束縛していた古い習慣や心構えが、次第に薄皮が剥《は》がれるように剥がれていくのを感じました。そして、積極的なビジョンや自己実現への情熱が新しく生まれてくることを実感したのです。

もしも人が成功を望むなら、まず自分自身の「心構え」を変えなければならない。これが、SMIプログラムの究極の結論と言えるでしょう。

◆とにかくスケートが好きだった!

話は変わりますが、私の後輩の清水宏保選手は、スケートの試合で良いパフォーマンスを発揮できた時は、〝滑るべき光のラインが見えた〟と発言しています。

そんな時は例外なく好タイムを出していますが、私が生涯に二度の世界新記録を出した時は、レース前にこう滑りたいとイメージしたとおりの滑りができました。

その時、私はまるで雲の上を走っているような感覚にとらわれましたが、何度も最高の滑りをイメージしながら練習すれば、そういう境地に入ることができると確信しています。不思議なことに、肉体を極限まで酷使して滑っても、イメージどおりの滑走ができた時は、筋肉に膨大な量の乳酸がたまっているにもかかわらず、少しも疲れを感じません。しかし、一生懸命頑張っても記録が伸びなかった時は、猛烈な筋肉の痛みを感じます。

最近の医学的知見によれば、人間の肉体的・精神的苦痛が極限まで高まると、それを鎮静化するため、「脳内麻薬」の働きをするドーパミンやエンドルフィンなどの物質が放出され、限りない恍惚感や快感に包まれるそうです。

もしかしたら、清水選手が言う〝光のライン〟は、そういう瞬間に眼前に現れたものかもしれません。

今年の正月、久しぶりの一家団欒《だんらん》の中で、父が私にこんな話をしてくれました。私が小学六年生の頃、ある大会の前の晩にスケート靴がこわれてしまい、一生懸命直そうとしました。ところが、なかなか修理できず、これでは明日の試合に出られないというので、ワンワン泣き出したそうです。

そこで仕方なく、父が溶接屋さんに電話してくれて、翌朝一番に修理してもらいましたが、「あの出来事がなかったら、白樺学園に行かせていなかったかもしれない。お前がそれほどスケートが好きだと分かったので、その情熱に賭けたんだよ」と、父は言います。

たしかに少年時代は、北海道の寒風の中で薄いウェアを着込み、苛酷で苦しい練習の毎日でしたが、とにかくスケートが好きだったのであまり嫌だとは感じませんでした。どんなに辛い練習も、これをやれば早く滑れるようになるという期待感でこなすことができたのでしょう。

最近、私はあるスポーツ選手のお客さんから、手紙をいただきました。そこには、「二人の息子がスケートを始めたが、あらゆるスポーツの中でスピードスケートが一番好きだと言っているので、今後も挑戦させようと思います」という文面が認《したた》めてありました。

私はその手紙を読んだ時、〝ああ、私と同じだ〟と思いました。

身を切るような寒風の中で、苦しく辛い練習を乗り越え、ひたすら風を切るスピードスケートの魅力。そのおもしろみと奥深さにとらえられた私は、この苛酷なスポーツの虜《とりこ》になってしまったのです。

そして自分の夢を信じ、三度のオリンピックに挑戦した私の青春に悔いはありません。最大の目標だった金メダルには届かなかったものの、一番好きなことに没頭できた二〇年間だったからです。

三　夢と目標を持つことの重要性

◆自分の中に眠っている能力を引き出す

ふりかえれば、私の人生は終わりなき「挑戦」の日々でした。

そんな私にとって、ＳＭＩプログラムとの出会いは運命的なものだったのかもしれません。


あれは二三歳の時、私の後輩の紹介でＳＭＩのセールスマンＳ氏に会ったのが最初です。その時、Ｓ氏は私に、〝あなたはどこへ行きたいと思っていますか〟と尋ねたのです。

当時、リレハンメル五輪の銅メダル獲得により、上昇気流に乗っていた私は、長野五輪での優勝をめざしていましたが、思うように記録が出ず、オリンピック出場と世界記録更新をはっきり口に出せませんでした。

するとＳ氏は、「あなたの中に眠っている能力を引き出せば、記録はまだまだ伸びますよ」と元気づけてくれました。そこで、私は自分の夢に方向性を与え、その実現に導くプログラムとして「ＰＳＰ」（パーソナル・サクセス・プランナー）に取り組もうと決意し、Ｓ氏と契約を交わしたのです。

ここで、ポール・Ｊ・マイヤーの有名な言葉を紹介しましょう。

それは、〝人が鮮やかに想像し、熱烈に望み、心から信じて、魂をこめた熱意をもって行動すれば、何事も必ず実現する〟というフレーズで、夢と目標を持つことの重要性を謳《うた》ったものです。

人には誰でも、成功して富を得たい、人に認められたいという願いがありますが、世の中にはこうした夢を簡単に実現する人がいます。そうかと思えば、苦労に苦労を重ね、幾多の困難を乗り越えて、ようやく成功を手中にする人もいます。

それとは反対に、〝自分は不幸の星の下に生まれた〟と思い込み、夢も希望もない毎日を過ごしている人々もいます。

これらの人々の間には、どのような違いがあるのでしょうか。

マイヤー氏は、本来、すべての人間は生まれながらにして成功する能力を持ち合わせていると考えます。にもかかわらず、こうした違いが現れるのは、「モティベーション」が異なるからです。

モティベーションとは何かと言えば、自分の目標を達成するため、我れと我が身を行動に駆り立てる力のことと言えるでしょう。

　考えてみれば、私のスケート人生を支えていたのも、モティベーションでした。それは、ビジネスや教育、研究、技術、芸術など、どんな分野で活躍している人にとっても同じで、自分の心の中で温められ、よく熟慮されたモティベーションこそ、目標を達成する上で何より重要です。

　私がそのことをはっきり意識し、自分のモティベーションを育てるようになったのは、ＳＭＩのプログラムに出会ってからです。

　自分自身をモティベートする時、まず第一にしなければならないのは、率直に正直に、自分自身を評価すること。そのために、あなたの長所や短所、あなたが蓄《たくわ》えている資産やかかえている負債、あなたの仕事や趣味など、すべての事柄を書き出してみましょう。そのことによって、あなたは今どこに立っているのか、あなたの現実の姿を自覚することができます。

　二番目になすべきことは、人生の六つの分野（健康、社会生活、教養、精神、経済、家庭生活）で、どのような目標や目的を持っているかをはっきりさせることです。それぞれの分野の短期目標や長期目標、有形・無形の目標を明確にすることがあなたを勇気づけ、発奮させることにつながるからです。

◆人は自分が望んだとおりの人間になる

引退後の仕事として、ＳＭＩのプログラムを普及することに努めている私は、各地の小・中学校でよく講演を頼まれます。

そういう場で、多くの生徒や保護者、先生方に強調しているのは、やはり夢と目標を持つことの重要性です。

一般に、〝人は自分が望んだとおりの人間になる〟と言われますが、これは至言だと思います。実際、飛行機のパイロットになりたいと望んだ人だけがパイロットになれるように、オリンピックのスタートラインに立ちたいと熱望しなければ、立つことはできません。自由に空を飛びたいという目標を持ったライト兄弟が、世界で初めて動力飛行を成功させ、海の彼方に新大陸があるはずだと信じたコロンブスがアメリカ大陸を発見。一〇〇メートルを一〇秒以内で走ることを目標にした選手が、一〇秒の壁を破ったことは周知の事実です。

〝そんなことはできない〟と目標を持つことをあきらめた人は、決して空を飛ぶことも、新大陸を発見することもできなかったにちがいありません。

それほど大きな成功でなくても、私たちが見聞きする成功の根本には、それぞれの夢と目標の設定があるのではないでしょうか。

ここで重要なのは、小さな夢や低い目標ではダメだということです。それらは単なる「予定」と同じで、目標を達成しても感激がなく、見返りもあまりないので、大きなモティベーションにならないからです。

そうではなく、むしろ現段階ではとても不可能と思えるような夢を、思いきって目標に据えることをお勧めします。

私にとって、オリンピックで金メダルをとることは遠大な目標でしたが、中学・高校時代から目標タイムと一緒に紙に書き、ベッドの上の天井に貼り出して眺めていました。また、現役時代の私は、自分が目標を達成して勝利者になっている姿を想像し、毎日のように〝私はチャンピオンだ〟と言い聞かせていたのです。

それは誇大妄想だ、そんなことが何の役に立つのかと思う方もいるかもしれませんが、ここがとても重要な人生の分かれ道なので、注意深く読んでいただきたいと思います。

私たちはスムーズな社会生活を送るため、自分の欲望にブレーキをかけ、夢を持つことを抑《おさ》えながら生きています。

しかしこの習慣は、夢の実現において〝百害あって一利なし〟で、いったんこれをやろうと決めたら、自分にブレーキをかけることは禁物です。自分が持っている力を一〇〇パーセント以上発揮したいと思うなら、自分には無限の力があるのだと信じて行動するしかありません。

大脳生理学者によれば、多くの人の脳細胞は最大でも約二五～三〇パーセントしか使われていないそうです。ほとんどの人が七〇～七五パーセントの潜在能力を放置したままこの世を去るわけで、眠っている部分をもっと活用すれば、信じられないほど多くのことが達成できるのではないでしょうか。

◆「磁石」が教えてくれた人生の真実

現代に生きる私たちは、昔の人々に比べるとかなり生活水準が高く、さまざまな知識や情報が豊かに与えられています。にもかかわらず、テレビや新聞を見ていると、むしろ人類は退化して、どんどん良くない方向へ向かっているのではないかという錯覚を起こすことがあります。

なぜそうなるのかと言えば、私たちが日常生活を送っていると、いつの間にか、人生に対する消極的で否定的な考えを身につけていくからではないでしょうか。

何事も否定的にとらえ、消極的に行動することは、生きがいの少ない平凡な人生を送るにはいいかもしれませんが、大きな夢は何一つ実現することができません。何かを成し遂げるには、常に積極的で肯定的な考え方を身につけていかなければダメなのです。

その点で私の胸を打ったのは、ポール・J・マイヤーが、父親の愛用する磁石《じしゃく》から学んだ成功原理についての話です。

ドイツ生まれの職人だったマイヤー氏の父親は、さまざまな道具を用いて彼に人生の真理を教えてくれましたが、ある日、彼を呼んで、「この磁石を見てごらん」と言いました。

それは幅一五センチ、高さ一〇センチ程度の馬蹄形《ばていけい》をした地味な磁石でしたが、彼の父は、「磁石は人間に使われないかぎり、何の役にも立たないんだよ」と言います。

そして、磁石が物置の中で棚ざらしになり、それが作られた目的のために使われていない姿は、〝私は行動するのが怖《こわ》く、チャンスを生かすのが怖い〟という心構えの、自己満足的な人間に似ていると――。

たしかに、他人に対する不信と自己満足の心構えに終始し、積極的なことは何もしないことに安住している人々は、小さなセルフ・イメージを守るため周囲に壁を築き、その中で消極的で否定的な日々を過ごしています。

しかし、磁石のような道具は、人間の助けになった時だけ役に立ったと言えるように、「人は、神が創《つく》りたもうた気高く、希望に満ちた目的を達するため、自分の命を使って初めて、幸せで生きがいのある人生を送ることができる」のです。

この言葉に感銘を受けたマイヤー氏は、同時にもう一つの原理を学びます。それは、磁石の陰極（マイナス）と陽極（プラス）が決して同じ側に共存できないように、積極的な「信念」と消極的な「恐怖」は共存できないという真実でした。

「恐れや心配、疑い、不決断、その他の否定的な考えに満たされている人は、同時に信念や自信、確信、積極的で前向きの期待を持つことはできません。父と母は私に、消極的・否定的な考えをすべて追い出し、私の心を強力で積極的・肯定的な考えで満たすことで、成功が達成できるのだと信じさせてくれました」（ポール・J・マイヤー著『モティベーションン日記』より）

◆自分の可能性を信じる人が目標を達成する

もう一つ、私は時々自分にこんなことを問いかけます。

基本的に人間の一生は豊かなものか、それとも貧しいものかと。今の私は豊かなものだと感じていますが、誰にせよ「人生は豊かだ」と感じられるようになるまで、大きな目標を達成することはむずかしいでしょう。

というのも、人は大きな目標を達成したから豊かだと感じるのではなく、〝人生は豊かだ〟と感じることができて初めて、大きな目標を達成できるのです。自分の中の豊かな可能性を信じられる人だけが目標を達成し、さらに大きな目標に向かって突き進むことができるのではないでしょうか。

ここで思い当たるのは、マイヤー氏の母親の言葉です。

マイヤー氏は一六歳の時、アルバイトのプルーン摘《つ》み作業で新記録を打ち立てますが、心の中には不安が渦巻いていたので、母親にこんな質問をぶつけました。

「僕は、これからも一生、果実を摘んでいなければならないの」

すると母親は、彼の頭を両手でしっかりはさみ、じっと目を見つめてこう言ったそうです。

「あなたにとって必要なものは、全部この両耳の間につまっているのよ。あなたの頭の中には、あなたが行きたいところへ行き、ほしいものを手に入れ、なりたい人間になるのに必要なものが全部、そろっているのよ」

この言葉を聞いた時、マイヤー氏は自分の身の回りの豊かさが、すべて自分自身のものであることを知りました。そしてこれから先、自分は果実を摘むドイツ移民の子であり続けることもできれば、世界の豊かさに手を伸ばすこともできることに気づいたのです。

「その選択は私次第であり、すべては私の心構えにかかっていた」（同『モティベーション日記』より）

マイヤー氏は、この時の母親の言葉が自分の一生を変えたと書いていますが、私もなんと素晴らしい母親だろうと思います。

その後、私はこれと同じ趣旨の話を聞いた覚えがあります。

それは、読売ジャイアンツの監督をしていた長嶋茂雄さんが、黒星が続いて勝てなかった時、記者団から、「どうしたら勝てるようになりますか」と聞かれた時のことです。その時、長嶋監督はとっさに「試合に勝つことです！」と答え、それでは答えになっていないと、記者団から失笑されました。

しかし、物の道理が分かっている人は、「それこそ正解だ」と感じるのではないでしょうか。どんなベテランのプロ野球選手でも、敗北が続くと負けを意識しすぎ、いつのまにかその方向へ試合を引っ張っていくことがあるそうです。ところが、そんな渦中でも一勝すると、「よし、勝てるぞ。もう一勝しよう！」という方向へ引っ張っていくことができるそうです。

人生の豊かさと目標達成の関係も、これと同じです。

あなたがどんな失意の時でも、道を歩く時はうつむかず、堂々と胸を張って歩いてください。そうすると、いつの間にか人生が豊かに見え、大きな目標を達成できるような気になるはずです。

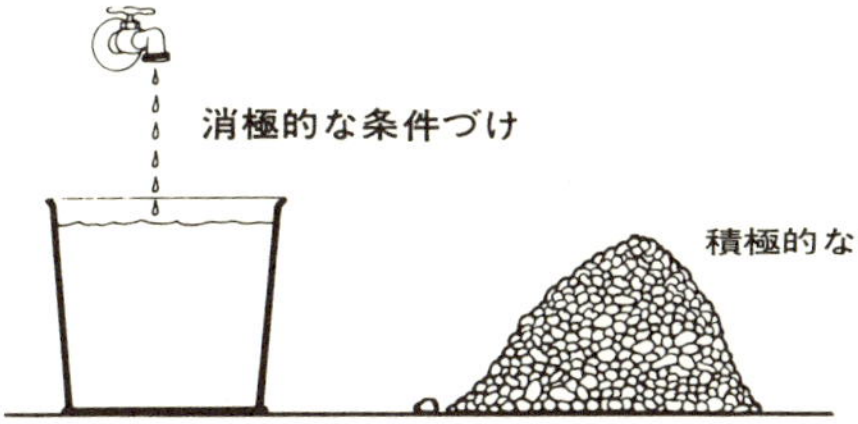

普通の人の心は、このバケツと同じです。消極性という蛇口から、絶えず水が落ちていて、少しずつではあっても、確実に、心というバケツに消極という水がたまります。

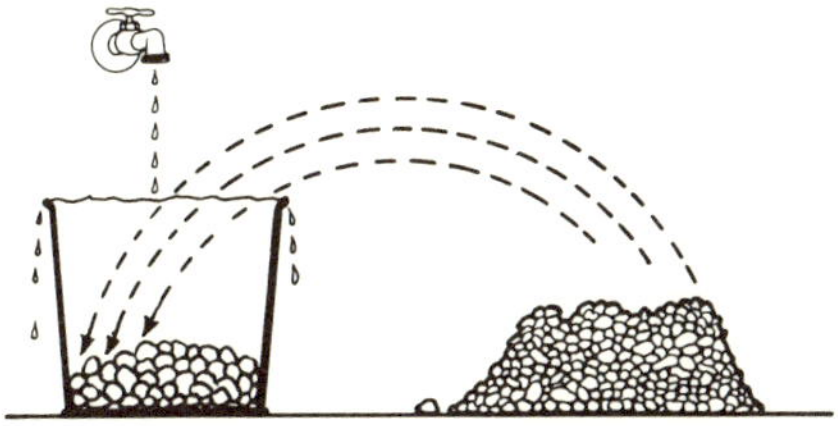

間を置いた反復によって、SMIプログラムは、意識的に、一貫して、消極的な条件づけという水を、積極的な考えという石で置き換えてしまいます。積極的に考えることを学ぶ、ということは、SMIプログラムから得る利益の1つです。積極的な決意という石の1つ1つが、消極性の蛇口から落ちる失望という水を、少しずつ追い出していきます。

ＳＭＩのプログラムでは、人生に対する消極的で否定的な考え方を、「バケツに溜《た》まった冷たい水」にたとえ、バケツの中に積極的で肯定的な石を一つずつ入れていくことにより、冷たい水を外へ追い出さなければならないと教えています。

今後も私は、とかく消極的・否定的になりがちな考えを、積極的で肯定的な考えに置き換える努力を一生続けていきたいと思います。

◆「成功のための五原則」とは？

このように、人が成功するための要素を総合的に分析したポール・Ｊ・マイヤーは、具体的な行動指針として、五つの原則を打ち立てました。それは次のような原則です。

①　自分の考えを鮮明に結晶化しよう！
～あなたがめざす目標は何ですか。その目標は曖昧《あいまい》な言葉や漠然とした考えではなく、明確な目標でなければなりません。それをいつまでに達成するか、具体的な手順を紙に書き出すことができるもの、鮮やかな絵に描けるものであることが大切です。

あなたの目標が明確で、鮮明に思い描けるようになればなるほど、その目標が磁石のようにあなたを引きつけ、より積極的な行動を引き出すでしょう。

もう一つ重要なことは、人が低い目標を持てば、その程度の人間にしかなれないということ。

したがって、目標を鮮明に結晶化すると同時に、自分には無理と思えるほど高い目標を掲げましょう。高い目標を掲げた後は、中世に〝熱意の権化〟と言われた十字軍の騎士のように、自分の目標に向かって直進することです。

② 目標を達成するための計画を立て、いつまでに達成するかを設定しよう!
~あなたの目標を明確にしたら、あなた自身の「行動計画」を作りましょう。すべての知識を総動員して理論を実践に移すこと、つまり考えを行動計画に反映させるのです。

自分で「行動計画」を作り、それを実行しようとする努力を始めると、あなたの中に新たな変化が生まれてきます。それは、行動計画によって生じる変化に対応できるように、あなたの中に隠れていた能力や才能が発揮されるようになったからです。

その変化が、これまでのあなたの心の前進を阻んでいた障害物を除去し、「限界」を突き破る力を与えて、成功に到達するための道筋をはっきり示してくれるでしょう。

綿密な「行動計画」はあなたを目標に導く地図となり、成功のための設計図や道しるべになります。計画の作り方で留意すべき点は、以下の四つです。

a　現在のあなたがいる地点と、目的地の間にある障害物をできる限り書き出し、それらをどうやり過ごすのか、それとも突き抜けるか、乗り越えるかを明記すること。

b　現在の自分を冷静に見つめ、自分の長所や資産を活用する方法と、短所や負債を克服するための方法を書き出すこと。

c　現在のあなたが持っている才能や技量を、今後どう磨いていくか、明確な予定を立てること。

d　無駄な時間をなくし、着実に目標に向かって前進するために、日ごと、週ごと、月ごとの計画を立て、その進捗《しんちょく》状況を書き出すこと。こうして組み立てられた計画的な行動や、持続する熱意が、あなたを変える力の源泉となります。

③　あなたが心に描いた人生の夢に、真剣な欲望を燃やそう！

〜あなたの目標が明確になり、「行動計画」を作ることができたら、次はしっかり決意を固めることです。「どんなことが起きても、私の決意を阻《はば》むことはできない」という、強固な心構えを培《つちか》うことです。

こうした決意によって、あなたが抱えているすべての問題が除去されるわけではありませんが、さまざまな問題から逃避する態度がなくなります。そして、一歩一歩進歩の階段を登ることが心地よくなり、次のステップへ順調に進むことができるようになるでしょう。あなたの決意、それは燃えるような欲望をともなうものであり、真剣な欲望こそ、人間のあらゆる行動を促す偉大なモティベーターです。

成功へ向かう大いなる欲望はあなたに成功意識を植えつけるだけでなく、限りなく広がる成功への習慣を生み出します。

あなたが達成する成功の大きさは、心を満たす欲望の大きさによって決まります。あなたの欲望が小さければ小さな成功しか得られず、大きな欲望を持てば、より大きな成功が得られるでしょう。

④　自分の能力に対して、〝私はやれるのだ〟という大いなる自信を持とう！

～人は何かをする場合、〝私はそれができる〟と思えるまでは決して行動を起こしません。自分の心の中で、できるという自信が持てないうちは手をつけないのが普通です。

では、自信はどこから生まれてくるのかと言えば、経験から生まれてきます。経験は行動によって得られた知識から生まれ、普通なら逃げ出してしまいそうな環境や条件の中でも、人に勇気をもって立ち向かう力を与えてくれます。

良くも悪しくも人間は習慣の創造物であり、どんな状況下でも、成功の心構えを常に維持すれば〝成功の習慣〟が身につき、誤りや間違いを犯すことが少なくなります。仮に間違いを犯しても、すばやく修正することができるようになるでしょう。

したがって、あなたが自分に対して、〝私はそれができる。だから、それをやるんだ〟と言い聞かせるたびに、あなたの決意は強くなり、成功の習慣化につながります。

これまで私が見聞してきた成功者の最大の特質は、彼らが何かを行おうとする時、必ず〝自分はできる〟と感じていることです。その結果は〝神のみぞ知る〟ですが、彼らの特徴は、決して失敗する可能性を認めていないことだと言えるでしょう。

あなたも挫折感や弱気を跳《は》ね飛ばし、自信を持って行動しましょう。大切なことは、自分の短所にこだわることなく長所に没頭し、弱点を忘れて、自分の能力や技量を発揮することです。

⑤ さまざまな障害や批判、周囲の状況に惑わされず、人々が何を言っても、思っても、しようとも、自分が心に描いた計画を強固な決意で成し遂げよう！

〜自分で立てた目標を達成するために行動すると、内外の敵と闘《たたか》うことになるはずです。しかし、何事にも障害や批判は付き物で、他人が何を言おうと、思おうと、周囲の状況に惑わされることなく、心に描いた計画を強い決意で成し遂げましょう。

100万ドルの成功計画（五則）
心に描いた夢は必ず実現する…

ポール J．マイヤー
サクセス モティベーション® インスティチュート創立者
WACO, TEXAS, U.S.A.

I　**考えを鮮明に結晶化しよう。**

……何を達成したいのか、はっきりとした具体的な目標を決意することです。熱意の権化といわれた十字軍勇者のように、その目標に向かって、痛烈に**直進専心**することです。

II　**目標を達成するための計画を立てること、その達成期日を設定しよう。**

着実に目標へ向かって前進するために、月、週、日、時間ごとに計画を立てて下さい。組み立てられた行動、持続された熱意こそ、力の源泉なのです。

III　**心に描いた人生の夢に、真剣な欲望を燃やそう。**

燃える欲望こそ、人間のあらゆる行動を促す偉大なモティベーターなのです。成功への大いなる欲望は、〝成功意識〟を植えつけ、力強い、〝成功への習慣〟となり、限りなく広がる〝成功への習慣〟を創り出すのです。

IV　**能力に対して、やれるのだという大いなる自信をもとう。**

挫折感を、はねとばしながら、あらゆる行動を起こして下さい。欠点にかかわることなしに、**長所**に没頭し、弱点にかかわることなしに、**能力**に集中することです。

V　**障害や批判、周囲の状況にも惑わされず、人びとが、何を言っても、思っても、しようとも、かまわず、心に描いた計画を、強固な決意をもって成し遂げよう。**

三本の柱をもって、決意を固めて下さい。まず、不断の努力をせよ。右顧左眄（うこさべん）するな。気力をふりしぼれ。**チャンス**は、座して待っても訪れない。**アタック**し、挑む人びとだけが、かちとれるのです。

それでも心が微妙に揺れる時は、次のようなことをためしてください。あなたの決意はさらに培われるでしょう。

a　自分に向かって〝この目標に対する報酬は、私にとって価値があるか〟と問いかける。答えがイエスなら、目標に向かってまっしぐらに突き進むだけです。

b　あなたが紙に書きつけた綿密な計画を何度も読み直す。

c　自分の長所と短所を本当に知っているなら、短所を克服する方策をとること。チャンスは座っていても訪れません。強固な決意でアタックし、挑戦する人々だけが成功を勝ち取れることを忘れないようにしましょう。

以上が、ＳＭＩの「成功のための五原則」ですが、人間の行動を支配している重要な法則の一つに、「引力の法則」があります。

これは、人は心に思うことを引きつけることができるという法則で、否定的な考えは否定的な結果しか生みません。しかし、積極的で前向きの考えは、成功への心構えや習慣が根底にあるため、肯定的な結果を生み出すという法則です。

この「五原則」にあるように、あなたが成功への習慣を身につけ、明確な行動計画を作成すれば、「引力の法則」が強く働いて、より積極性に満ち、成功への期待を持って生活

BUILDING SUCCESS ATTITUDES
成功への心構え・その構造

これらの言葉を完全に捨てなさい	これらの言葉を自分のものにしなさい
1. 私はできない	1. 私はできる
2. やれるかな	2. 必ずやる
3. どうかな	3. よい結果を期待する
4. わからない	4. 理解する
5. 時間がない	5. 時間をつくる
6. たぶん	6. 断乎として
7. 自信がない	7. 自信がある
8. 信じられない	8. 信じる
9. 〝私が〟〝私が〟	9. 〝あなた〟という言葉を多く

している自分に気づくでしょう。

それは、次のような形で現れるはずです。

――朝、目を覚ましたあなたの心には、今日も張りきって活動しようという気持ちがみなぎり、これまで自分の中に眠っていた能力や才能に気づきます。

そして、あなたの言葉や口調には自信と穏やかさが生まれ、独りよがりな言動がなくなります。その結果、人から誤解されることが少なくなり、より深く理解されるようになるでしょう。

こうしたことが積み重なると、あなたの態度には威厳と誇りが感じられるようになり、物事の判断力が良くなってきます。過《あやま》ちを犯すことが少なくなり、他人から助言を求められることも多くなるにちがいありません。

もう一度言いますが、成功のための最大の要諦《ようてい》は、こうしたもろもろの「心構え」なのです。

ポール・J・マイヤーは、自伝『モティベーション日記』の末尾を次の一語で締めくくり、そのことの重要性を強調しています。

〝心構えがすべてである〟（Attitude is Everything）

四　子どもたちの未来のために

◆心のバケツに溜まった「冷たい水」

私は今、多くの小・中学校から呼ばれて、子どもたちに夢と目標を持つことの重要性を講演しています。「成功のためのプログラム」を早い時期から学べば、その後の長い人生に生かせると思うからです。

大人になってからでは、心のバケツにいっぱい溜まっている、消極的で否定的な「冷たい水」を追い出す作業に時間がかかり、せっかく素晴らしい能力を開発しても、それを生かす時間が限られてしまいます。

そこでＰＪＭジャパンでは、「成功の五原則」を子どもの頃から学んでもらい、成人してからの時間をその実現のために使える、子ども用のプログラムも刊行。これは、〇歳児から五歳前後、六歳から九歳、一〇歳から一五歳、そして一六歳以上へと年齢に応じて進めるようになっています。

親も一緒に勉強するためのプログラムも出ており、私の家では妻も子どもも一緒に学んでいます。実際には、親より子どもたちの方が素直に反応するので、〝負うた子に教えられる〟というのは本当だなと感じています。

もしかすると、人生の豊かな可能性を感じるのは子どもの方が得意かもしれません。私たち大人は、もっと素直で純真な子どもの気持ちに戻って学べば、どんどん効果が上がって成功への街道を驀進《ばくしん》することができるでしょう。

◆「指導者」に必要な四つの条件

しかしながら、今の小・中学生が置かれている現実は、私が想像していたよりずっと厳しく、彼らの多くは夢を持てない学校生活に悩んでいます。

というのも、私が講演をする前に、これからの人生が自分の思いどおりになると思う子は挙手してほしいと言うと、彼らの一〇人に一人しか手を挙げません。反対に、これからの人生が思いどおりにならないと考えている子は、全体の六～七割にのぼります。

マイヤー氏はすべては「心構え」に帰着すると言いましたが、まさにそのとおりで、世の中にはさまざまなチャンスが満ちあふれているにもかかわらず、そのチャンスをものにできないのは自分の可能性を信じようとしないからです。

子どもたちのこういう考え方には、親の言動が大きく影響しています。日本の親は、子どもが小・中学生の頃から、「お前はダメなんだから、もっと頑張れ」と言い続け、少しもほめません。マイヤー氏の母親のようにもっと子どもの長所をほめ、その子の豊かな可能性を認めてやれば大きな力を発揮できるのに、まことにもったいないと思います。

たとえば、非行を犯した子どもに対するリアクションでも、欧米と日本では大きな開きがあります。先日、封切られたロバート・デ・ニーロ主演のアメリカ映画では、父親が非行を犯した息子の目を見て抱き締め、こう語るシーンがありました。

「お前にこんなことをさせたことについては、俺にも責任がある。これからは二人でリスクを背負っていこう」

こうして子どもの問題を自分の問題としてとらえ、可能なかぎり肯定的に受け止めてやれば、子どもは心強いものを感じるにちがいありません。

こうしたことは親子関係だけでなく、スポーツ選手と指導者の間でも言えます。私は選手としての経験から、良い指導者には次のような条件が必要だと感じています。

① 指導者には、選手以上の夢や目標がなければならない。

選手が日本一をめざすと言うなら世界一、日本記録なら世界記録、オリンピックをめざすと言うなら金メダルをとらせるような、夢と目標がなければなりません。

② 選手の能力を信じなければならない。
どんなに優秀な選手でも、自分にはできるだろうかという不安を持っています。そんな時、君ならできるから大丈夫だ、練習どおりやれば必ず勝てる、敵も強いが我々も強い、どんなにタイム差があっても最善を尽くせば勝てると言ってやることが、どれほど選手を勇気づけるか知れません。
③ 選手以上に向上心を持っていなければならない。
選手の良い所や悪い所、チームの改善すべき点を冷静に把握し、栄養学やメンタル面の知識なども具備した上で、選手の力を向上させたいと強く願う指導者が求められています。
④ 自分の指導者としての能力を信じていなければならない。
選手たちは基本的に指導者を信じているので、その言葉の一つ一つに大変影響を受けます。そのため指導者が自分の能力に自信を持ち、共に成長する姿勢を持っているかどうかが必要不可欠な条件だと思います。

◆子どもたちの夢を大切に育てよう

私の講演を聞いてくれた小・中学生にアンケート用紙を配り、その感想を聞いたところ、次のような回答が集まりました。彼らの生の声が感じられるので、そのいくつかを転載してみましょう。

○私は初めのうち、〝夢を持ち続ければ夢はかなう〟と言うけど、そんなわけはないと思っていました。でも、堀井さんの話を聞くにつれ、本当に思い続ければそうなれるような気がしてきました。堀井さんは、そう思い続けてメダルを取って、すごい人だなあと思いました。

●才能や能力じゃなくて、目標や夢を持っているから夢がかなうことを教えられました。どんなに苦しいことでもあきらめず、前向きに進んで苦しいことを乗り越えられたら、成長できるんだと分かりました。私も夢と目標を持って進んでいきたいです。

○最近の私は、五年生の頃から持ち続けていた〝少年誌の漫画家になる〟という夢を、実現できないのではないかと思うようになっていました。でも今日、堀井さんの考えと大きな夢の話を聞き、その夢が再燃しました。自信をもってそれに突き進みたいと、心から思いました。お話の中にあった夢への地図、大ショックから立ち上がること、それを私も見つけて経験し、夢をかなえたいです。今私は、すごく感動していて、ふるえが止まりません。夢への自信が泉のように出てきています。これは堀井さんのおかげです。ありがとうございます‼

●堀井さんの「信じればできる」という言葉に感動しました。決してあきらめない堀井さんの話には、熱心さがあるなというのが最初の印象でした。それから、おじいさんの話やこれからの生き方の話。私は、堀井さんの生き方って素敵で、後悔することがなさそうだなと思いました。私も自分の目標を高く持って、決してあきらめないように努力します！

○私の将来の夢は、ピアノの先生になることです。でも、ピアノがすごく上手というわけでもないので、あきらめようかといろいろ迷っていました。でも今日、堀井さんの話を聞いて、あきらめずにがんばろうと思いました。夢をかなえるのは簡単なことではないし、すごく大変で苦しいこともあると思うけど、今日の堀井さんのお話を思い出して、あきらめず自分のためにがんばろうと思います。

●すごくいい話を聞いたなと思いました。私は、夢に向かっていく気持ちを「実現しないから」とか、「実力とかけ離れているから」とか思って、胸の奥底にしまいこんでいました。親もあまり本気にしてくれないし……。でも、今日決めました。自分の夢に向かって一歩、一歩、たとえその一歩がゆっくりだとしても、めげずに歩んでみようと思います。今日は本当にありがとうございました。堀井さんも、次の自分の夢に向かってがんばってください。

○今日、堀井さんの話を聞いて、私も夢に向かってがんばろうと思いました。自分の夢をみんなに堂々と語った堀井さんは、とてもかっこよく見えました。私もそんなふうに自分の人生や夢を語れる大人になりたいです。

私はこのアンケートによって、自分の人生は思いどおりにならないだろうと答えた多くの生徒が、心の底では、夢や目標を持つ生き方がしたいと思っていることを知り、少しホッとしました。

問題は、そうした彼らの夢をいかに引きだし、大切に育てていくかということではないでしょうか。

◆私の夢と目標／文部大臣になって教育を変えたい！

では、この章の最後に、今後の私の夢と目標を記しておきたいと思います。

現在、ＰＪＭグループのＳＭＩの販売代理店である「(有) サクセスダイナミックス北海道」を経営する私は、モティベーター五名と共に、主として北海道で販売・宣伝活動を行うと同時に、苫小牧青年会議所アカデミー塾の塾生として、あらためてビジネスの勉強を開始。これから一〇〇歳までの目標を以下のように設定し、紙に書き出して常に持ち歩いています。

《私の人生の夢と目標》

二〇〇三年／三一歳　ＰＪＭで、ＳＭＩセールスルーキー世界大賞を取る。

二〇〇四年／三二歳　ＰＪＭで、ＳＭＩセールスリーダー世界大賞をめざす。

二〇〇六年／三四歳　ＳＭＩ世界大賞受賞。トリノオリンピックで清水宏保の金メダルを解説する。

二〇一〇年／三八歳　自ら経営する会社のモティベーターを三〇名まで増やす。お客様の中から成功者やオリンピックのメダリストが出る。

二〇一一年／三九歳　苫小牧青年会議所の第五九代理事長となる。
二〇一二年／四〇歳　日本青年会議所へ出向。
二〇一五年／四三歳　政界へ進出し、文部大臣をめざす。
二〇二五年／五三歳　道議会議員を経て、参議院比例区で当選。
二〇三〇年／五八歳　北海道にオリンピックを誘致し、アマチュアスポーツのプロ化を含めて改革。モティベーションプログラムを義務教育に採用。
二〇四五年／七三歳　文部科学大臣を務めて政界を引退。
二〇五〇年／七八歳　勲一等を天皇陛下から授与される。
二〇六〇年／八八歳　妻に看取られ、〃良い人生だった。お前と出会えてよかった〃と言いながら永眠。
二〇七二年／一〇〇歳　天寿をまっとうして一二年後、その功績を讃えられて故郷室蘭に銅像が立つ！

これを読まれて、なんと独《ひと》りよがりな夢かとあきれた方もいるかもしれません。実業界や政界は、スポーツのようなシンプルな世界ではなく、もっとドロドロした世界なので、はたして堀井はやっていけるのかと心配してくださる方もいるでしょう。

たしかに今後の私は、これまでまったく知らなかった世界で生きていくことになりますが、小学生時代から苦しい練習を乗り越え、寒風の吹きすさぶリンクで学んできたことは、どういう世界でも活きるはずだと思っています。

そして、どんな局面になっても、〝決して、決して、決してあきらめない〟。第二次世界大戦が始まって半日後、チャーチル首相がイギリス国民に呼びかけたという、この言葉が心の底にあるかぎり、私は挑戦をやめないでしょう。

今、私は新たに始まった〝挑戦〟に胸をときめかせています。

《エピローグ》――一〇〇分の二秒が人生を変えた

◆練習は約四万キロ、地球を一周する距離

昨年、現役から引退した私は、これまでの表彰状や新聞の切り抜きなど、思い出に残る品々を整理しましたが、その中で一番印象的だったのは、高校三年の時に出場した「全日本ジュニアスピードスケーティング選手権大会」のポスターに、私がスケートを研《と》いでいる写真が大きく掲載されていたことです。

その写真には、〝世界の頂点に立つには、あと地球を何周すればいいのだろう〟というキャッチコピーが添えられていますが、私はこのポスターが大好きです。

その後、私はこのコピーの文面に忠実に従い、日々の練習で約四万キロ、地球をほぼ一周するくらいの距離を滑ったと思います。

最近は、スキーのジャンプ競技やフィギュアスケートなどへの注目度が高まり、冬季オリンピックにも人気が出てきましたが、私たちの頃のスピードスケートはまだマイナーなスポーツで、黒岩彰さんや橋本聖子さんなど、ごく一部の選手しか名前が知られていませんでした。そのため、二年後輩の清水宏保と一緒に初めてワールドカップに出場した時も、ファンの子供たちは有名選手だけに集まり、私たちの前は素通りです。

そのことを悔《くや》しがった清水と私は、〝よし、いつか子供たちにサインをせがまれるような選手になろう〟と励まし合い、ホテルの一室で、白い紙が真っ黒になるくらいサインの練習をした思い出があります。

思い出と言えば、私のスケート人生にとって最大の思い出は、やはり、白樺学園高校へ進学することを許された、中学三年の時の「北海道中学校スピードスケート競技大会」のことでしょう。

あの日、一五〇〇メートルで一七位にわずか一〇〇分の二秒差をつけて一六位に入賞し、全国大会に出場しなければ、私は白樺学園に進学できず、もしかしたらその後、スケートを続けていなかったかもしれません。もちろん、オリンピックにも出場しなかったでしょうし、まったく違う青春を過ごしたかもしれません。

終わってしまった歴史に、〝～だったら〟や〝～であれば〟はないとよく言われますが、あの時の一〇〇分の二秒差が私の人生を変えたことは確かです。

これからの人生でも、後からふりかえれば、〝ああ、あの時に私の進路は決まったんだ〟と思える瞬間が何度かあるでしょう。

その時、私は何を考え、どう決断して人生を切り拓《ひら》いていくか分かりませんが、決してひるむことなく、真正面からぶつかっていきたいと思います。中学三年生の時の私がそうだったように……。

◆両親の愛と、妻の支えがあってこそ

ここで、もう一度私の家族について書くことをお許しください。

私がリレハンメル・オリンピックに出場する前、父は肝臓を悪くして入院しましたが、両親はそのことを内緒にして仕送りを続けてくれました。

私が夢に向かって挑戦を始めた当初は、両親はそろって反対しましたが、それは私の本物の決意を引き出すためであり、安易に賛同しなかったことに対して感謝の気持ちでいっぱいです。

父は長野やソルトレークシティに、重い病気をかかえながら見に来てくれました。最後に、有終の美を飾れなかったのは残念ですが、それまで、何不自由なく練習に打ち込ませ

てくれたことに感謝しています。

ソルトレークシティには、両親や妻子、妻の母親など、一番見てもらいたい人々に来てもらい、スタンドから応援してもらったことが何よりの力になりました。父は肝臓の手術をした後で、ドクター・ストップがかかっていましたが、私の〝来てほしい〟という気持ちと父の希望が重なり、とにかく観戦してもらえたのが何よりの思い出です。

私は長野オリンピックの一年前に妻と出会い、スピード結婚をしたので子供もすぐ生まれましたが、長野の敗北は結婚が早すぎたからだと言われたこともあります。

しかし今は、その後の私が敗北から立ち直ることができたのは、妻や子がいたからだと明言できます。よけいなことを言わず、言うべきことをはっきり言う妻は、いつでも大変、的確なアドバイスをしてくれて、本当に苦しい時期の私を支えてくれました。

新王子製紙をやめてプロ宣言をし、ＰＪＭジャパンに移籍した時も、周囲の人たちからはやめろと反対されました。しかし、あの時も妻は、〝あなたのやりたいようにしたらいい〟と言って、私の転身に賛成してくれました。そのことが、私が新たな一歩を踏み出す勇気につながったと思えてなりません。

妻は、私が早朝練習に行く時はいつも早起きして見送ってくれたし、練習着はいつでもきちんと用意してくれ、スポーツ選手に良いと言われた料理を、いろいろ工夫して作ってくれました。
スポーツ選手にとって、心の安定と家庭の平和はとても大切ですが、こうした陰の支えがあったからこそ、私はソルトレーク五輪に出場でき、悔いなく戦うことができたのだと思っています。

◆夢や目標に向かって挑戦してほしい

子供たちについては、勇斗がまだ二～三歳で言葉もあまりわからなかった頃、海外遠征に出かける私を見送って飛行場まで来てくれたので、〝パパは一生懸命やってくるからね〟と言うと、〝パパ、頑張ってきてね〟と言ってくれたことを覚えています。

今、私が良かったと思うのは、長野とソルトレークシティで、私が滑っている後ろ姿を子供たちに見せることができたことです。

私自身、子供たちからたくさんの勇気をもらいましたが、子供たちがいるからこそ、より高い目標に向かうことができたのかもしれません。現在、私の家には黄色い紙に黒い文字で、こんなことが書かれた紙が随所に貼ってあります。

〝あきらめない〟〝テレビから少し離れる〟〝トイレはきれいに使う〟〝私はママが好き〟〝私はパパが好き〟 ｅｔｃ……。

今、心の豊かさや人生の豊かさを伝えようと、一生懸命子育てをしている私たち夫婦は、この本をいつか子供たちにゆっくり読んでもらい、私たちの思いを分かってもらいたいと思います。

平凡な人間である私が子供たちに残していけるのは、そんなに大きなものではありません。

物やお金を残すのではなく、私の物の考え方や挑戦の仕方、人生に対する心構えや情熱、勇気、そういうものを子供たちに伝えたい。

そして、その意志を子供たちが受け継ぎ、さらに孫へ、ひ孫へと伝播《でんぱ》すれば、彼らが人生に挑戦する中で困難に直面した時、この本が役に立つのではないでしょうか。

その時、彼らはきっと、〝一生懸命やれば何でもできるんだ〟ということの意味を理解してくれるでしょう。

私がすべての子供たちに言いたいのは、自分の夢や目標を立てたら、それを信じて、どんな困難があってもあきらめないで挑戦していってほしいということ。それさえ理解してくれれば、私は十分満足です。

終わりに、この本の編集に当たってＰＪＭジャパンの有田平会長をはじめ、元就出版社の浜正史社長、桜井裕氏など、多くの方々のお世話になりました。この場を借りて、御礼申し上げます。

ありがとうございました。

平成十五年六月吉日

堀井　学

終わりなき挑戦

2003年7月30日　第1刷発行

著　者　堀井　学

発行人　浜　正史

発行所　株式会社　元就《げんしゅう》出版社

〒171-0022　東京都豊島区南池袋4-20-9
サンロードビル2F-B

電話　03-3986-7736　FAX　03-3987-2580

振替　0120-3-31078

装　幀　唯野信廣

印刷所　株式会社　シナノ

※乱丁本・落丁本はお取り替えいたします。

ISBN4-906631-97-5 C0095